情熱をマネジメントして
最高の仕事と
人生を手に入れる

パッション・パラドックス

PASSION PARADOX

著—ブラッド・スタルバーグ
スティーブ・マグネス
訳—池村千秋

左右社

PASSION PARADOX

情熱をマネジメントして
最高の仕事と人生を手に入れる

PASSION PARADOX

CONTENTS

結果と報酬を求める人は失敗に弱い

恐怖を原動力にした情熱は長続きしない

成果を挙げ、幸福感をいだくためには恐怖心を克服すること

第5章

最高の情熱とは？
——成功者だけが知っている

POINT

活動そのものが楽しいと思える情熱の持ち主は、幸福感も成果もあがる

調和的情熱は意識的にはぐくむ必要がある

成功しても失敗しても24時間で切り替える

結果ではなくプロセスに注意を向ける

目標は進むべき方向を指し示すだけのもの

成功者の思考様式を実践する

忍耐力は才能ではなくはぐくむもの

集中の妨げになる要素を排除すべき

第6章

「人生にはバランスが必要」は幻想

——偏りが人生を豊かにする

165

POINT

- 情熱をもって生きることと、バランスの取れた人生は両立しない
- 情熱と引き換えに何を犠牲にしているか忘れないようにする
- バランスを取ろうとするのをやめる
- 自己認識を深めることを目指す

第7章

自己認識で人生を選びとる

——自分自身と親密な関係を築こう

189

POINT

- 思考停止に陥るのは自己認識ができていないから
- 自己認識をもてば情熱をコントロールできる
- 自己認識は自然には生まれない
- 「自己」の外に出ることが必要

凡例

注は原著に従い、★の記号を付けて左ページの欄外に示したものと、(注1)(注2)…の番号を付して巻末に訳出したものがある。

また、訳者による注は［　］で文中に記した。

はじめに――なぜ、情熱について考えるべきなのか

私たち（ブラッドとスティーブ）の前著『PEAK PERFORMANCE 最強の成長術』（邦訳・ダイヤモンド社）では、高い成果を挙げるための方法論と科学的知見を掘り下げて論じた。エビデンス（科学的根拠）に基づいて有効性が実証されている方法を紹介し、トップレベルのアスリートやアーティストや思想家の実例を交じえながら、読者が実生活にそれを取り入れる手引きを示した。

しかし、同書のリサーチと執筆を通じて気づいたことがあった。高い成果を挙げるための行動だけに着目していると、決定的に重要な要素を見落としてしまう。目覚ましい業績を残した人たちは、あるものを共通してもっていた。それは、押しとどめようのない衝動、尽きることのないハングリー精神、そして現状にけっして満足しない姿勢――ひとことで言えば、情熱である。

私たちは本を書いたり、アスリートや企業幹部、起業家にコーチングをしたりするなかで、途方もない情熱の持ち主と大勢出会った。そのような人たちは、端的に言えば現状に

満足できない。自分を追い込むことで輝く人たちなのだ。彼らはつねに自分の限界を押し広げようとし、ものごとに全力で取り組むことに喜びを見いだす。

生意気に聞こえるかもしれないが、私たちもそのような衝動を感じるときがある。あなたもそうした経験があるだろう。私たちは、執筆にのめり込むことが楽しくて仕方ない。前著がまだ出版されていないうちに早々と新しい本の執筆に着手するのはよしたほうがよいと、忠告してくれる人たちもいたが、私たちはいてもたってもいられなかった。迷いがなかったわけではない。まだ早いのではないかとも思った。けれども、まっ白なページを自分たちの言葉で埋めたいという思いには勝てなかった。自分たちのアイデアを掘り下げ、それを文章の形にせずにはいられなかった。

つまり、この本の執筆に着手できたことはうれしかった。けれども、ひたすら前に進み続けようという強い衝動には負の側面もある。その点は疑う余地がない。情熱を追求すれば、たいてい代償を払わされる。家族や友人と過ごすなど、ほかの活動に費やせたはずの時間やエネルギーが奪われてしまう。その結果、生きることの喜びを感じられなくなったりもする。**あまりに情熱が強すぎると、人生がめちゃくちゃになり、燃え尽き状態に陥る危険もある。しっかりした自己認識をもてない人は、この傾向がとくに目立つ。**

こうしたジレンマは、私たちが知り合った情熱的な人たちのほぼ誰もが直面していた。

それは避けて通れない。人は情熱の深みにはまり、何かを獲得しようと奮闘しているとき、それ以外のことはすべてどうでもよく思えてくる。それが好ましい結果につながる場合もあるが、悪い結果を招く場合もある。実際には、その両方の面がある場合が多い。

私たちは、オリンピック選手や、画期的な業績を残す発明家、独創的な作品を送り出すアーティスト、目覚ましい成功を収める起業家がそのような激しい情熱をいだくのを目の当たりにし、その状態を自分たち自身でも経験してきた。

そこから、私たちは次のような疑問をいだくようになった。**こうした強烈な情熱は、どのようにして生まれるのか。人はどうすれば情熱を見いだし、情熱の炎を大きくできるのか。ほかの活動に支障が出るような取り組みを情熱的に追求しようと決意するとき、人はどのような考え方をすべきなのか。人はどのようなときに情熱を失うのか。情熱はつねに好ましいものなのか。それとも、情熱をもつことは依存症と似たようなものなのか。情熱をもって生きるために適切な方法はあるのか。その方法は、ものごとに全身全霊でぶつかっていくことなのか。**

情熱をいだける対象を見つけて、それを追いかけろというのは、よく見られる助言だ。要するに、情熱的であれというわけだ。これは、親や教師、スポーツのコーチ、そして卒業式でスピーチをする来賓たちが送る助言の定番になっている。しかし、情熱を追求することは、無責任な、ことによると軽率な行動だと主張する人もあらわれている。情熱を追求する結果、むしろ不満を感じたり、健康が悪化したり、不安に苛まれたりしかねない、というのだ。

　どちらの主張にも一理ある。人はものごとを単純化して白か黒かに決めたがる傾向があるが、情熱はそんなに単純なものではない。確かに、情熱は大きな恩恵をもたらす場合がある。**ものごとに熟達し、大きな成功を収められるのは、情熱をもっている人たちだ。しかし、慎重に注意深く向き合わなければ、情熱はたちまち災厄の原因になりかねない。弊害が恩恵を大きく凌駕する場合もあるのだ。**

　昨今はとりわけ、有害なタイプの情熱が蔓延している。今日の文化は、人々がすぐに問題の解決策を知ったり、瞬時に満足感を味わったりすることを強く欲するよう促し、ソーシャルメディアでの「フォロワー」や「友達」の数で自分の価値を評価する風潮をつくり出し、「勝利こそ、唯一にして最大の目標である」という発想を強調する傾向がある。何かを達成することをひたすら重んじ、いかなる代償を払ってでも成果を追求するよう人々を駆り立てる文化があるのだ。

　しかし、諦める必要はない。本書で述べるように、自分が情熱を追求するかどうかは、そして（それと同じくらい重要なことだが）**自分の情熱が恩恵と弊害のどちらを主に生むかは、基本的に自分で選べる。情熱の追求には継続的に取り組むべきだ。それを実践できれば、素晴らしい仕事ができるだけでなく、素晴らしい人生への道が開ける。**

本書の企画は、どうすれば私たち2人が情熱を追求しながら、建設的で健康で持続可能な人生を送れるのかという、きわめて私的な探求として始まった★。私たちは数々の文献を渉猟した。生物学や心理学の資料も読んだし、人類学や哲学の本も読んだ。さまざまな分野で最先端を行く各国の研究者たちにも話を聞いた。また、情熱のおかげで成功した人や逆に破滅した人たちと会い、その人たちについて研究した。そして、自分たち自身の内面を深く分析し、情熱との関わり方の好ましい面も悪い面もすべて洗い出した。

あなたの情熱は、どのような状態にあるだろうか。あなたは、追求したいキャリアやビジネスアイデアがある一方で、疑念や不安も感じているかもしれない。新しい会社を設立したり、トレーニングを積んでトップアスリートを目指したりするなど、何かに全身全霊で打ち込みたいと思っている人もいるだろう。すでに情熱を追求していて、燃え尽きの兆候に気づきはじめている人もいるだろう。友達や家族との関係など、情熱を傾ける対象以外の喜びが犠牲になっていると感じている人もいるかもしれない。昔は自分を激しく駆り立てていた情熱がすっかり萎えてしまった人もいるかもしれない。

以上のどの状態にある人も、この本を読めば、適切な道を歩む助けになるだろう。**本書で情熱とのつき合い方を学べば、自分を燃え尽き状態に追い込んだり、人生を火だるまにしたりするような情熱ではなく、自分を光り輝かせてくれるような情熱のはぐくみ方を知ることができる。**

★本書の原型となった最初の著作は、ブラッドがアウトサイド誌に寄せた「ひたすら卓越を追求する姿勢の土台にあるものとは」(“What Underlies the Relentless Pursuit of Excellence”)という記事だ。この記事の一部は、ほぼそのままの形で本書に再録されている。その点では、ブラッドがニューヨーク誌やニューヨーク・タイムズ紙に寄せた記事も同様だ。本書で詳しく取り上げた題材について検討する機会を最初に与えてくれた新聞や雑誌に感謝したい。

第 1 章

情熱は取扱注意

情熱をもつだけでは
成功できない

何よりも大切なのは情熱だ。
人生で何を目指すにせよ、情熱をもって生きよう。
この世界に灰色はこれ以上いらない。
世界の色彩は豊かであればあるほどよい。
誰も凡庸でありたいとは思わないが、
人は完璧を目指すべきでもない。
人がものごとを完全に究めることなどありえないからだ。
それでも、三つの「P」は頭に入れておいてほしい。
情熱（passion）に粘り強さ（persistence）が加われば、
可能性（possibility）が拓ける。

ジョン・ボン・ジョヴィ（ミュージシャン・俳優）
2001年にモンマス大学
（ニュージャージー州ウェスト・ロング・ブランチ）の
卒業式で＊注1

ボン・ジョヴィが述べたようなことは、あなたもさんざん聞かされてきただろう。熱狂と燃えたぎる思いと熱中する心をもって、全身全霊でものごとに取り組め、といったメッセージだ。この類いのことは、学校の教室や職場、スポーツのフィールドなど、それこそあらゆる場で言われている。情熱をいだける対象を見つけ、それに打ち込みさえすれば、すべてうまくいくと言わんばかりだ。

現実には、そんなにうまくいく場合ばかりではない。情熱を傾ける対象が見つかったとしても、次にどうすべきかという手引きはあまり示されていない。まったく示されていないと言ってもよいかもしれない。「情熱を見つけよ」という助言は珍しくないが、どのように情熱を追求すればよいかという助言はほとんど聞こえてこない。

４つのリスク

ひたすら情熱を追いかければ、その道のまっすぐ先に成功と幸せと達成感が待っているように思えるかもしれないが、実際は違う。ほとんどの場合、道は入り組んでいて、いたるところに落とし穴がある。テスラやスペースXなどの会社を設立したシリコンバレーの大物イーロン・マスクも、こう述べている。「現実は天にも昇るような素晴らしい経験とどん底のような悲惨な経験、そして絶え間ないストレスの連続だ[*注2]」。情熱を追いかける結果として迷い込みかねない負のパターンには、たとえば次のようなものがある。

●目に見える結果と外的な評価の奴隷になる

成功を手にした人はいとも簡単に、もっと成功したいという欲求の虜になる。もっと儲けたい、もっと名声を得たい、もっとソーシャルメディアのフォロワーが欲しいと思うようになるのだ。最初はものごとを実行することに情熱を燃やしていたのに、いつの間にか成果に対して情熱をいだくようになる。自己評価が他者の評価によって左右されるようになり、失敗したり、停滞期に陥ったりすると、心理的なダメージを被り、激しく動揺する。喜びを感じづらくなる程度で済めば、よいほうだ。下手をすると、不安に苛まれたり、気持ちがふさいだり、非倫理的な行動に走ったりしかねない。

●情熱の追求以外にいっさい関心が向かなくなる

情熱の追求に没頭するあまり、それ以外のことがすべて目に入らなくなる。その結果、夫婦関係が破綻したり、子どもの成長過程に寄り添えなくなったり、健康が損なわれたりする。それでも、その時点では別に不満はないかもしれない。大好きなことに熱中していれば、楽しくないわけがない。しかし、時間が経ってから振り返ると、そんな時間の使い方をしたことを後悔する羽目になる。

・燃え尽きる

情熱の追求にすべての精力をつぎ込んでも、１日なら問題ないかもしれない。１カ月、ひょっとすると1年くらいはどうにかなる可能性もある。しかし、適度に制御しなければ、情熱はたいてい、最初は激しく燃え上がるが、すぐに火が消えてしまう。人は情熱に駆られたとき、猛スピードで突っ走らずにいられない。情熱の引力にのみ込まれている人は、そのペースで頑張り続ければ心身がもたない可能性があると気づけないのだ。そうやって情熱を追求しているうちに、いつの間にかエネルギーが尽きてしまう。生涯にわたって情熱を追いかけ、意義深い仕事を成し遂げるはずだったのに、興奮に突き動かされて向こう見ずな行動に突っ走り、結局は長続きせずに終わりかねない。

・喜びを感じられなくなる

情熱の火花が次第に小さくなる恐れもある。多くの場合、次のような経過をたどる。あなたは大好きな趣味を職業にする（「楽しみ！」）。しかし、すぐに「趣味」が「仕事」に思えはじめる（「おかしいぞ」）。その後、大好きだったことを退屈な作業と感じるようになるまでに、時間はかからない（「どうしてこんなことに？」）。思ってもいなかったことだろうが、あなたは情熱の対象に恐怖心すらいだきはじめる。

もっとも、情熱はこのようなものばかりではない。もっと好ましいタイプの情熱もある。人がそのような情熱をいだくのは、主に「やっていて楽しい」という理由でものごとに没頭するときや、成功したときは謙虚になり、失敗したときには節度ある決意をいだくようなときだ。それは、目標と手段が一致しているときや、強い使命感に突き動かされていて、情熱の追求と人生のほかの側面の調和が取れているときだったり、自己認識を深めるよう心がけて、情熱にのみ込まれているときに陥りがちな思考停止を避け、情熱を自分でコントロールして、情熱に支配されずに済んでいるときだったりする。

そうした好ましい情熱は、数カ月や数年にとどまらず、キャリアを通じて、あるいは生涯を通じて生き生きとしていられる人が感じるものだ。誰もが渇望するのは、まさにこのような情熱である。これこそ、最良の情熱と呼ぶべきだろう。

情熱はほとんどの場合、ものごとを熱狂的に追求するという形で始まる。そのとき、燃え尽きたいと思っている人はいない。人生のバランスを失ったり、人生に喜びを感じられなくなったりすることを望む人もいない。好ましい情熱も悪しき情熱も出発点は同じだ。だから、主体的に対策を講じなければ、情熱が道をそれて脱線してしまう危険性が高い。しかも、道をそれていることに自分では気づけない場合も多い。

情熱はか弱いものだ。注意深く扱わなくてはならない。さまざまな研究から明らかなように、それがうまくできない場合、情熱が幸福や健康をもたらしたり、高い成果や人生の充実感を生んだりするのではなく、不安や抑鬱や燃え尽きや非倫理的行動につながりかねない。

　情熱の見つけ方を指南した文章は多いが、ほとんどは的外れな内容だ。ありきたりの言葉を連ねるばかりで、エビデンス（科学的根拠）はあまり示されない。しかも、本書をここまで読んできた読者ならお気づきのように、情熱を見つけただけでは、まだ課題の半分しか達成できていない。情熱を維持して生産的で健全な方向に導くことも同じくらい重要だが、この点を指摘した文章にはめったにお目にかかれない。そのため、情熱が道をそれて、前述したような負の影響を経験する人がきわめて多い。

　私たちは、そうした状況を変えたいと思って本書を執筆した。**情熱をどのように見つけ、はぐくめばよいか、情熱がもつ巨大な力を好ましい方向に導くためにどうすればよいかを示したい。**あなたの情熱がどのような道を歩むかは、あなた自身で決められる。それは、動かせない運命ではないのだ。

　本書では、あなたの情熱の炎を長く、明るく輝かせ、人生のほかの側面との調和を失わないようにするために役立つ実践的なツールを提供したい。このテーマを取り上げた本にありがちな陳腐な言葉は抜きにして、信頼性のある内容を誠実に記したい。また、最新のエビデンスだけでなく、世界屈指の詩人や哲学者の言葉も紹介する。

次章以降では、情熱について徹底的に検討を加えていく。人が情熱をいだく生物学的・心理学的メカニズムを論じるほか、並外れて情熱的な人たちのエピソードも取り上げる。そのなかには、オリンピックで数々のメダルを獲得した女子競泳のスター選手ケイティ・レデッキーや大物投資家のウォーレン・バフェットなど、好ましい情熱の持ち主もいるが、スキャンダルの末に破綻したエネルギー大手エンロンのＣＥＯ（最高経営責任者）だったジェフリー・スキリングや、ドーピング疑惑をかけられた元ホームラン王のバリー・ボンズなど、悪しきお手本と呼ぶべき人たちもいる。

本書ではさらに、**「バランスの取れた人生」を過度に重んじることに疑問を投げかけ、後悔しない人生を送るうえでの自己認識の意義、そして自分自身について自分に語るストーリーの重要性も論じる。情熱は自由に放任するのではなく、計画と意図をもってコントロールすべきものである**ことも指摘したい。

しかし、これらの議論の土台として、まずは情熱の原点を理解することから始めるべきだろう。そこで、次章では、歴史をさかのぼり、情熱という概念がはじめて登場した時代に目を向けよう。

POINT

自分の情熱を見つけろと誰もが言うけれど、見つけ方を教えてくれる人はほとんどいない。情熱とのつき合い方を説く人はもっと少ない。

情熱の追求は、たいてい最初は好ましい活動だが、次第に害を生むようになるケースが多い。

自分の情熱を主体的に管理しなければ、以下の状態に陥るリスクがある。

- 目に見える結果と外的な評価の奴隷になる。
- 人生を後悔する。
- 燃え尽きる。
- 喜びを感じられなくなる。

しかし、情熱を主体的に管理すれば、
健康な生活を送り、幸福感と充実感を味わうことができる。
情熱には、よい情熱と悪い情熱がある。あなたの情熱がどちらに
なるかは、基本的にあなた自身が決められる。

第 2 章

情熱はどこからやってくる？

情熱を科学する

受難と愛の歴史

「情熱」を意味する英語passionの語源は、「受難」を意味する*passio*というラテン語だ。この語源どおり、passionはほとんどの時代、受難、不幸、怒りといった意味で用いられていた。

元々、この言葉は、ある特定の人物がある特定の場面で味わった苦難を意味していた。十字架にはりつけにされたイエス・キリストの苦痛のことだったのである。「もっぱらキリストと、その苦しみと結びついた言葉だった」と、ケース・ウェスタン・リザーブ大学（オハイオ州）のティモシー・K・ビール宗教学部長は述べている。[*注1]

キリストの死については、それを悲劇と位置づける人がいる一方で、その背景には深遠な目的があったと考える人たちもいる。いずれにせよ、*passio*は1000年近くにわたり、もっぱらキリストの受難を表現するための言葉だった。誰かの*passio*を望んだり、*passio*を追求するよう誰かに命じたりすることは、その人を支援したり、鼓舞したりするというより、その人に害を及ぼそうとする行為とみなされただろう。

その後、時代がくだるにつれて、意味が広がっていった。11世紀には、宗教と無関係の文脈でも用いられ、あらゆる人のあらゆる種類の肉体的・心理的苦痛を表現するようになった。今日のpassionという言葉の使われ方とはまだだいぶ違うが、キリストとは関係のない文脈でも用いられるようになったのだ。さらに数百年後、ヨーロッパが暗黒時代を抜け出した頃、この言葉も暗い意味から脱却した。ルネサンスの時代に、*passio*は*passioun*へ、さらには*passion*へと形を変えた。そして、つづりが変わるたびに、新しい意味が増えていった。苦難という元々の意味に、怒り、愛、さらには猛烈な欲求という意味が加わったのである。

　変化の一因は、著述家たちが紡いだ文章にあった。始まりは、14世紀イギリスの詩人ジェフリー・チョーサーの物語集『カンタベリー物語』だった。この作品でチョーサーは、苦しみだけでなく、コントロールできない感情全般を言いあらわすためにpassionという言葉を用いた。

　ほかの著述家たちもあとに続き、この言葉を新しい意味で使いはじめた。劇作家のウィリアム・シェイクスピアは1588年の悲劇『タイタス・アンドロニカス』で、否定的な感情ではなく、多くの人が好ましいものとみなす感情、具体的には激しい恋愛感情を表現する言葉としてpassionを用いた。この戯曲に、「それを剣で証明してみせよう。私がラヴィニアの愛情に対していかに強い思い（passion）をいだいているかを」というくだりがある。[*注2] シェイクスピア以降、passionは苦難という元々の意味を脱ぎ捨て、より魅力的で好ましい意味をもちはじめた。

それでも、passionが強い欲求全般を意味するようになったのは、18世紀になってからだ。この時期にようやく、ほかの人物に対する愛情や欲求だけでなく、なんらかの目的や活動への強烈な愛情や欲求も意味するようになった。ただし、このあとすぐにpassionという言葉が広く用いられはじめたわけではない。「情熱に従おう」とか「情熱を見つけよう」といった言い回しは、それほど見られなかった。

ところが、１９７０年代半ばに突然、「情熱」が大人気になった。大人になったベビーブーム世代［１９４６年～64年生まれ］が、「やればできる」「努力しなければ報われない」という発想をいだきはじめた。第二次世界大戦が遠い過去の話になり、ベトナム戦争も終結しつつあった時代に、先進国の人々の関心事が安定から自己実現に移ったのだ。この傾向は、X世代［65～80年生まれ］、そしてミレニアル世代［81～96年生まれ］へと、世代がくだるにつれてますます強まっている。ボン・ジョヴィが前章で紹介した卒業式スピーチをした２００１年の時点では、人を鼓舞する前向きなメッセージを発する際に「情熱」という言葉が用いられることが目立つようになっていた。

今日は、情熱をもつことこそ、よい人生を送り、大きな成果を挙げるためのカギを握る要素だと考える人が多い。情熱を注げる対象をなんとしてでも見つけ、それを追いかけるべきだと、人々は教えられている。情熱に突き動かされて生きれば、キャリアや恋愛や趣味がうまくいく、というわけだ。

しかし、passionという言葉の元々の意味を簡単に忘れないほうがよい。以下で述べるように、**情熱と苦難は、いまもさまざまな面で強く結びついているからだ。**

脳内で起きる化学的反応——情熱の生物学

なんらかの活動や思考、人物にのめり込むのがどのような感覚かは、短期間でも情熱をいだいた経験がある人なら誰でも知っているだろう。情熱をもっている人に起きる反応は、情熱の対象が人間の場合もそれ以外のものの場合もほとんど変わらない。広い世界が目に入らなくなり、情熱の追求以外のことはどうでもよくなるのだ。

情熱的な恋に落ちている人は、その相手のことしか考えられない。絵画に情熱をいだいている人は、キャンバスの前から離れたくない。ビジネスや執筆に情熱を燃やしている人は、家族と食事をしているときも上の空だったりする。市場に送り出す予定の新製品のことや、執筆中の本の特定のセンテンスをどう書き換えるかということで頭が一杯なのだ。

完全な視野狭窄に陥っていると言わざるをえない。全面的な没頭と言ってもよい。情熱がその人を支配しているのである。

こうした激しい熱中状態を生む感情は、脳の奥深くに根差している。この感情を喚起するのは、ドーパミンと呼ばれる強力な神経伝達物質だ。ドーパミンは人を興奮させ、そのとき取り組んでいるものごとへの集中力を高める。すると活力が湧き、自分が生き生きしているように感じられる。

ドーパミンが脳内を駆け巡り、脳の原始的な領域から、新しく進化した領域に到達すると、神経が連鎖的な反応を起こし、人は目標に向かって行動するようになる。そして、目標が達成できればすぐにご褒美が待っているという期待をいだく。「この本を書き上げさえすれば、気分が上向く」「この新製品を市場に送り出せれば、満足感を味わえる」「彼女と一緒にいられさえすれば、幸せだ」「あのギャラリーに作品が展示されれば、心が落ち着く」といった具合だ。

しかし、**情熱の魔力にとらわれている人が追いかけているご褒美（ほとんどの場合はなんらかの充足感）は、幻想でしかない。**目標を達成した直後は満足感を味わえても、翌日には再び渇望感が湧き上がってくる。

欲求に際限がないことには、生物学的な理由がある。目標を達成した後に放出されて満足感を生む神経伝達物質と異なり、飛び抜けて強力な神経伝達物質であるドーパミンが放出されるのは、目標を達成する前、言い換えれば目標を追求している最中なのだ。

そのようなタイミングで強力な神経伝達物質が放出されることには、進化の過程で重要な意味があった。狩猟採集生活を送っていた時代の人類は、当面の食料を確保できただけで満足するわけにはいかなかった。将来、食料が不足する可能性に備えて、もっと食料を蓄える必要があったのだ。そのため、進化の過程で、奮闘を促す神経伝達物質であるドーパミンが強烈な欲求を生み出し、満足感をもたらすほかの神経伝達物質の作用を抑え込むようになった。その結果、**人は達成感を味わうよりも、目標を追求することに夢中になるのだ。**

ドーパミンは欲求とモチベーションの源だ。このシンプルだが強力な生物学上のメカニズムがあったからこそ、人類は数々の成果を挙げてこられた。太古の時代に絶滅せずに済んだこともそうだし、今日の世界で目覚ましい科学的発見を成し遂げていることもそうだ。

ひとことで言えば、**人間は生物学上、現状に満足するようにできていない。つねに挑戦を続けるようにできているのだ。**

ウルトラマラソン界のレジェンド、アン・トレイソンが2歳の頃、両親は彼女の靴に鈴をつけていた。「いつもあちこち走り回っていたから、居場所がすぐわかるようにしたかったのだと思う」と、59歳になったトレイソンは振り返る。当時は、子どもが注意欠陥多動性障害（ＡＤＨＤ）と診断されるケースが増えはじめるより前の時代。いまだったら自分もそう診断されていたかもしれないと、本人も言う。

　最近の研究によると、ＡＤＨＤの傾向がある人は、ドーパミンに反応しにくい可能性がある。つまり、満足感を味わうために、ほかの人たちより多くのドーパミンが必要なのではないか、というのだ[*注3]。そのため、このような人たちは猛烈なペースで行動し続けずにいられない。そうすれば、より多くのドーパミンが放出されるからだ。教室で大人しく授業に集中することに苦労していたトレイソンにとって、走ることはエネルギーのはけ口になった。行き場のなかったエネルギーを発散させ、無尽蔵の活力を生かせる場を見いだせたのである。

　トレイソンがウルトラマラソンと出会ったのは、高校を卒業してほどない時期だった。ウルトラマラソンのレースは最長で20時間続く。普通のマラソンが子どもの遊びのように感じられるくらい過酷な競技だ。週に２００キロ近くトレーニングで走り続け、試合で約１６０キロを走る経験は、ほかの活動では得難い充実感をもたらした。しかし、その充実感は長く続かなかったという。

競技人生で、「もうこれで満足だ」と思ってもよさそうな瞬間は何度もあった。１９８５年には「アメリカンリバー・50マイル」で、89年には「ウエスタンステイツ・エンデュランスラン」で優勝し、94年には「ウエスタンステイツ・エンデュランスラン」と「リードビル・トレイル１００」でコース記録を打ち立てた（いずれも重要なレースだ。たいていの選手は生涯で1度出場できればよいほうで、1度でも優勝するのは簡単でない）。

しかし、トレイソンはそれに満足することなく、レースに出場し続けた。「自分がどこまでできるか試したいという衝動をいつも感じていた」と言う。その衝動に突き動かされて、歴史上で最も多くのメダルを獲得したウルトラランナーになり、さらには性別の壁も打ち壊した。その業績はあらゆる耐久スポーツに影響を与えた。トレイソンは競技人生を通じて、世界記録を20回以上更新し、最も格式の高い大会である「ウエスタンステイツ・エンデュランスラン」でなんと14回も優勝した。樹立したコース記録は数知れず、しかもその多くは今日まで破られていない。

私たちはトレイソンに、靴に鈴をつけられていた少女時代と、生まれもった性質について尋ねた。すると、卓越したランナーだっただけでなく、高度な教育を受け、ものごとを深く考える人物でもある彼女は、こう述べた。「ドーパミンの影響についてはよく考えます。私は、前へ前へと進みたいという強い欲求をいつも感じていました。自分に何ができるか試したい、そして自分に勝ちたいと思っていた。そうした思いに突き動かされて行動し続けました。その欲求はけっして消えなかったのです。生化学的要因がすべてだとは思わないけれど、それがひとつの要因だったと感じずにはいられません」[*注4]

トレイソンの感じていることは、最新の科学的な研究によっても裏づけられている。一部の研究によれば、人の性格の最大40パーセントは遺伝で決まっている可能性があるという。ワシントン大学医学部（ミズーリ州セントルイス）のC・ロバート・クロニンジャー教授（精神医学）は、人の性格のうち遺伝で決まる部分（それを「気質」と呼んでいる）について研究している。その研究によると、**人の天性の気質は、特定の神経伝達物質への感受性と関連があるらしい**。[*注5]たとえば、「固執」（クロニンジャーが挙げている4つの主要な気質のひとつだ）は、ドーパミンへの感受性の弱さと密接に関連しているという。

前述のように、ドーパミンは、目標を追求しているときに放出される。したがって、この神経伝達物質への感受性が弱い人（言い換えれば、快感を覚えるためにより多くのドーパミンが必要な人）が同じことに繰り返し取り組むのは意外でない。そのような人物が揺るぎない決意と猛烈なやる気をもつのは、きわめて自然なことなのだ。快感をいだくために必要とされるドーパミンの量が多い人ほど、無謀なくらい手の届きにくい目標を目指して奮闘しようとする。それがなんらかの形で自分に害を及ぼすとしても、そのような行動を取ってしまう。ドーパミンを補給せずにいられないからだ。

粘り強さのような性格上の特徴は、本人の努力や親の教育によってはぐくめると思いたがる人が多い。しかし、人の性格はそのような側面ばかりではない。トレイソンのように、生まれつき情熱をいだきやすい傾向の持ち主もいるが、情熱の生物学的メカニズムはあらゆる人に影響を及ぼす可能性がある。

人は同じ行動を繰り返せば繰り返すほど、ますますドーパミンを欲するようになる。この傾向は、同じ行動をもっと取りたくなるような結果（金メダルに輝いたり、昇進したり、恋人ができたり）が得られる場合にとりわけ著しい。そのような活動に臨むたびにドーパミンが放出され、精神が高揚し、集中力とモチベーションが高まる。問題は、ほかの依存性のある物質の場合と同じく、それを繰り返すうちに、ドーパミンに対する脳の感受性が弱まっていくことだ。その結果として、**快感を得るために、より多くのドーパミンが必要になる。この飢餓感から、人はますます目標に向けてまい進し、その活動を通じてさらに多くのドーパミンが放出される。**

こうして、激しい欲求が人を行動に駆り立て、それがドーパミンを放出させ、それがさらに激しい欲求を生み出し、それに突き動かされてますます行動にのめり込む、というサイクルが続く。人がどこかの段階で満足して、この繰り返しに終止符が打たれることはない。改めて指摘すると、このサイクルは、人が生まれもった性質に根差している。人間は進化の過程を通じて、ご褒美を獲得することではなく、ご褒美を目指して行動することへの依存状態に陥りやすくなったのだ。

神経科学者のマーク・ルイスの著書『欲望の生物学　*The Biology of Desire*』によれば、ドーパミンの必要量の変化（具体的には、快感をいだくためにより多くのドーパミンが必要になる現象）が起きる原因は、「強烈な体験となる行動が……繰り返されること」だという。その行動が本人にとって重要なものになればなるほど、脳の変化も勢いを増す。変化に歯止めが利かなくなるのだ。この現象は、ドラッグやアルコールが原因で起きる場合もある。「アルコールやヘロインがもたらす経験がもっと退屈なものだったら、依存性はこれほど強くなく、こんなに高額で売買されることもなかっただろう」と、ルイスは記している。[*注6]

強い意欲に駆られて特別な行動を繰り返すという点では、恋に落ちたり、スポーツやビジネスで傑出した成果を目指したりすることも、これと同じなのかもしれない。これらの行動は、ドラッグと同じくらい依存性が強い場合もある。また、このような行動がもたらす結果は、アルコールやドラッグとは大きく異なるものの、脳の中で起きることはよく似ている。いずれの場合も、人は強力な感情の虜になってしまうのだ。あとで詳しく述べるように、**破滅的な依存症と生産的な情熱の境界線は、一般に思われているよりはるかに曖**

味だ。そもそも、境界線があるかも疑わしい。

情熱の生物学的側面に関する研究には説得力があるが、研究の歴史はまだ浅い。今後、さらに研究が進めば、科学的理解の細部が変わる可能性もある。それでも、現在の科学的証拠に照らして考えると、基本的な考え方はおそらく変わらない。その考え方とは、情熱をいだくという現象の一部が遺伝に根差していて、それが神経化学的な要因により増幅されているということだ。

なかには、生まれつきものごとに固執しやすく、特定の活動にのめり込む傾向が強い人もいる。しかし、そのような人たちだけでなく、人は誰でも、自分が有意義だと感じる活動の虜になる可能性をもっている。その活動は、マラソン大会に向けてトレーニングを積むことや、ギターの練習をすることだったり、新しい会社を築くことや、キャリアを前進させることや、意中の相手との恋愛関係を深めることだったりする。人が強烈な衝動を感じながらものごとを追求しているとき、脳内にはドーパミンが溢れ返る。その結果、気分がよくなり、将来さらに同様の経験をしたいと感じる。こうして、情熱をいだいた人はますますその活動に夢中になる。

説得力のある説明だ。しかし、これですべて説明がつくわけではない。**「生まれ」（遺伝**

的要素）も確かに重要だが、「育ち」（後天的要素）も同じくらい大きな意味をもっている。人の遺伝情報がどのような形で表面にあらわれるかは、環境上の要因によって変わる。一卵性双生児は同じ遺伝情報をもっていても、ほぼ例外なく異なる強さの情熱をいだき、異なる人生を送る。情熱を生み出す要因を完全に理解するためには、生物学的側面だけでなく、心理学的側面にも目を向けなくてはならない。

POINT

情熱に拍車をかけるのは、ドーパミンという神経伝達物質である。
ドーパミンは、人がものごとを成し遂げたあとには
快感や満足感をもたらさない。
目標を追いかけることに快感を感じさせるのが、
この神経伝達物質の性質だ。
なかには、生まれつきドーパミンへの感受性が弱く、

情熱や強迫観念をいだきやすい人もいる。

しかし、人は誰もが情熱の生物学的メカニズムに影響される。魅力的なご褒美を獲得しようとして行動すればするほど、大量のドーパミンが放出される。その結果、次第にドーパミンへの耐性が強まり、ますますその行動にのめり込まずにいられなくなる。

情熱と満足感という2つの素晴らしい感情が両立しないのには、生物学的な理由がある。情熱は、際限なくエスカレートしていく性質をもっている。情熱を追求すればするほど、その活動がもたらす快感への依存状態が強まるのだ。

トラウマを乗り越えるために――情熱の心理学

2009年、耐久アスリートのリッチ・ロールは、メンズフィットネス誌により「世界で最も体力のある25人の男性」のひとりに選ばれた。[*注7] しかし、ウルトラランナーのアン・トレイソンと違って、いつもエネルギーがみなぎっていたわけではない。子どもの頃に、何かにのめり込んだ経験もなかった。どちらかと言えば、内気で物腰が柔らかく、物静かな雰囲気の人物だ。そして、いつも居場所がないように感じていた。「孤独な子ども時代を送りました」と、ロールは私たちに語る。「どこかの集団に完全に溶け込めたと思えたことはなかった。当時は、疑念で一杯だったように思います。自分の能力を実証したかった。自分自身に対しても、ほかの人たちに対しても」

ロールが育った家庭では、目標を設定し、それを達成するために努力することが重んじられていた。「精力的に行動することと成果を挙げることをよしとする家風でした」という。子どもの頃は勉強が苦手だったが、のちに成績が向上し、超名門のスタンフォード大学にも入学した。それでも、両親の期待に応えられたと思えたことは一度もなかったという。「要求される水準はいつも高かった。両親の期待に応えられることは一生ないのではないかと思っていました」

少年時代には、勉強だけでなく、友達づき合いでも苦労した。「あらゆる面でどんくさい子どもでした」と、ロールは説明する。「キックボールのチーム分けではいつも最後まで残り、歯列矯正用のブリッジとヘッドギアをつけ、片目に眼帯をし、遊び場でもいじめられていた。おまけに、勉強もできなかった。どんな男の子だったか想像がつくでしょう」

9歳の頃のロール少年が自分に自信をもてなかったのも無理はない。しかし、中学に進むと、変化が見えはじめた。水泳に挑戦したところ、たちまち頭角をあらわしたのだ。「天性の才能があったとまでは言えなくても、水の中では明らかに強くなれた」とのことだ。不安と自信喪失の日々を送っていた男の子が、ついに卓越した成績を残せる場を見つけられたのである。水泳のレースに出場しはじめたときは、どんな気分だったのか。「水泳は、自分の強みを見いだすチャンスを与えてくれた」と、ロールは言う。「自分だって成功できるんだと実証できた」＊注8

高校時代は、誰よりも早い時間にプールに入り、誰よりも遅くまで練習した。水泳の虜になり、プールの底に引かれた黒線が友達になった。ひたすら泳ぎ続け、何千時間も練習した頃、スタンフォード大学から誘われて、大学の水泳チームの一員として競技を続けることになった。その後、水泳に対して不健全な依存状態に陥った時期もあったが（情熱的な人物にはよくあることだ）、やがて世界屈指の耐久アスリートになり、合計約480キロの超長距離トライアスロン大会「ウルトラマン」なども完走した。

子ども時代の不安がいわばよく乾燥した薪の山となり、水泳との出会いがそこに火花を生み出し、その結果として激しい情熱に火がついたと言えるかもしれない。同じようなことは、ロール以外にも言えるのだろうか。

エセックス大学（イングランド）のアラン・セントクレア・ギブソン教授の答えはイエスだ。専門は統合神経科学で、精神と肉体の関わりを長年研究してきた人物である。ギブソンによれば、情熱の少なくとも一部は、かつて精神分析学者のジークムント・フロイトが「自我の脆弱性」と呼んだものに端を発している可能性があるという。

人は過去のつらい経験を頭から振り払うために、いやな記憶や経験を抑え込み、無意識の領域の奥深くに押しやる傾向があると、ギブソンは説明する。しかし、そうした感情をいつまでも封じ込めておけるわけではない。「いずれは強い衝動や欲求という形で外部に放出される。たいてい、過去のつらい経験とは無関係の活動にエネルギーを注ぐ。このような状態にある人は、「プロジェクトや目標への熱狂的なまでの執着を示す」という。[*注9]

最近フロイト心理学は流行らないが、自我の脆弱性という考え方は数々の新しい研究によっても裏づけられている。**過去のつらい出来事や不安がのちに一見すると無関係の強迫**

観念を突き動かすという見方には、科学的根拠があるのだ。

イングランドのプレストンにあるセントラル・ランカシャー大学の研究チームによれば、猛烈なやる気を見せるトップパフォーマーたちは、子ども時代に逆境と不安を経験している場合が多い。スポーツで頂点を極めるアスリートは、きょうだいの数が多い傾向があり（きょうだいが多ければ、親の関心を引きつけるための競争が激しくなる）、親が離婚している確率も際立って高かったのだ。研究チームは、そうした経験を「トラウマ」と呼んだ。この研究結果を受けて、「**才能はトラウマを必要とする**」という言葉が広く用いられるようになった。[*注10]

具体的にどのような経験を「トラウマ」と感じるかは、人によって異なる。親が死去したり、きょうだいが刑務所に入ったりする経験は、多くの場合トラウマになるだろうが、小学校時代にいじめにあったり、「イケてる」級友たちから遊びに誘われなかったりすることがトラウマになる人もいる。自我を打ち砕くような波乱の経験はすべて、将来に情熱とモチベーションを生む可能性をもっているのだ。「過去のトラウマは、『賞品』を手にするまで諦めない不屈の闘志を生む」と、ギブソンは言う。[*注11]

トラウマは遠い過去の経験により生まれる場合が多いが、すべてがそうだとは限らない。テクノロジー業界の有名起業家ジム・クラークのケースを見てみよう。「そのとき38

歳。仕事をクビになり、再婚した妻にも逃げられた。私は完全に打ちのめされた。その経験を通じて、何かを成し遂げたいという思いに取りつかれるようになりました」と、本人は語っている。[*注12] 中年期に激しいトラウマになる出来事をいくつも経験して、情熱に火がついたのだ。

その情熱は、新しいテクノロジーに向けられた。ほどなく、クラークは不屈の闘志に導かれて最初の商用インターネットブラウザ「ネットスケープ」を送り出し、インターネットの世界を様変わりさせた。その後、さらにいくつかのテクノロジー企業を設立して、シリコンバレーの大富豪の先駆けになり、ジャーナリストのマイケル・ルイスの著書『ニュー・ニュー・シング』（邦訳・日本経済新聞社）の主人公にまでなった。[*注13]

激しい衝動に火をつけたのは、自分の実力を証明したいという欲求だった。しかし、一度のめり込むと、成功を手にしても、やめることはほぼ不可能だった。これはクラークに限った話ではない。

強い情熱に突き動かされている人は、全員とは言わないまでも、多くが過去にトラウマになる経験をしている。これは、前述した生物学的要因だけが理由ではない。猛烈に目標を追求する日々は、ドーパミン依存のサイクルを生み、つねに激しい欲求をいだき続ける状況をつくり出すだけでなく、逃避の手段にもなりうるのだ。

情熱の追求に全身全霊で打ち込めば、視野が狭まる結果、内面に抱えている苦悩がかき消され、安心感が強まり、ものごとをコントロールできているという感覚をもてる。強迫観念が逃げ場を生み、ほかの不満足な状況によって生じる空白を埋め、混乱から逃れて、心の平穏をかき乱す雑音を消す機会をもたらすのである。

ナタリーは、ある種の満足感をいだいていた。温かい気持ちと幸福感に満ちていて、その快感は誰にも奪われる心配がなかった。慎重に、それこそ医療行為のように段階を追ってその行為をおこなうことにより、満足感を味わえた。それは、誰にも依存せず、誰によっても没収されることのないものだった。

この一節は、前出の神経科学者マーク・ルイスがヘロイン依存症患者のナタリーについて記したものだ。[*注14] 同じような経験は、オリンピックに出場するようなアスリートや、アーティスト、作家、起業家、コンピュータプログラマーが味わっても不思議でない。

この点を考えると、目覚ましい業績を残したアスリートや創作者や起業家が引退後に薬物やアルコールやギャンブルの依存症になるケースがしばしばあるのも納得がいく。情熱の追求をやめるときは、よく考えて慎重に行動したほうがよい。そうしないと、成果を挙げる原動力になった生物学的・心理学的要因が、今度は有害な結果をもたらしかねない。情熱と依存症は、いとこ同士のような関係なのだ。

もっとも、**情熱と依存症の間に密接な関係があることは、悪い結果を生む場合ばかりではない**。モントリオール大学のパトリシア・コンロッド教授（精神医学）が開発した「プリベンチャー」というプログラムがある。このプログラムでは、情熱と依存症の密接な関係を利用して、依存症のリスク要因となる性格上の特性をもった若者を特定し、早い段階で（子どもを批判したり評価をくだしたりすることを避けつつ）学校におけるカウンセリングで対処することを目指している。[*注15]

イギリスの21校の学校に通う13歳と14歳の子ども２６００人を対象にした２０１３年の研究によると、プリベンチャーでカウンセリングを受けた子どもは、のちに過剰な飲酒に走るリスクが43パーセント少なかった。将来のリスク要因になるような性格上の特性をもった子どもたちにとって、このプログラムは福音と言えるだろう。アルコール依存症になることが避けられれば、有望な起業家やアスリートになれる可能性も出てくる。[*注16]

「好ましい結果が得られなくても頑張り続けることは依存症的行動の本質だが、食料が不足していたり、恋をしていたり、子育てをしていたりするとき、それは『バグ（欠陥）』ではなく、有益な機能だ。それにより、生と死、成功と失敗がわかれる場合もある」と、心理学・神経科学専門のジャーナリスト、マイア・サラヴィッツは著書『壊れない脳 *Unbroken Brain*』で指摘している。「しかし、そうした脳の経路が依存状態を生む場合、恩恵は災厄に変わる。愛と依存症は、同じ脳回路によって引き起こされるのである」[*注17]

　社会で非難される行動と称賛される行動の根底にある要因は、しばしば共通している。活力の源になるような情熱を生み出す要素は、ときとしてあっさり軌道をはずれて、生命力を奪う依存症やそのほかの病気の原因にもなる。多動的な傾向があったアン・トレイソンやつらい子ども時代を送ったリッチ・ロールもそうだし、プリベンチャー・プログラムにより過剰な飲酒を避けられた子どもたちもそうだが、**目覚ましい成功を収めて、強い情熱を称賛されている人たちの多くは、生物学上・心理学上の弱点を強みに転換した人物だ。みずからの弱点をコントロールし、好ましい結果につなげているのである。**

　これは、本書の著者である私たちも痛感していることだ。いまもつねに、このような弱みを強みに転換するよう努力している。私たちがこれまでに成し遂げたことの多くは、衝動、情熱、強迫観念の賜物だ。この本も例外ではない。しかし、同じものが、私たちの最もつらい経験や恐ろしい経験を生み出してきた。

　ブラッドは、まだ強迫性障害（ＯＣＤ）からの回復途中だ。この病気のせいで、ときに途方もなく深い闇の中に引きずり込まれることがある。そのダメージは非常に大きい。スティーブも、正式に診断されたことこそないが、重要な陸上競技大会で世界トップクラスの記録を残すまでは、特定の行動（たとえば、ドアノブに決まった回数触れたり、時計のアラームの設定と解除を繰り返したり）を取らずにいられない時期があった。

重要なことなので、もう一度述べておこう。ドーパミンが生産的な行動をもたらすケースと破壊的な行動をもたらすケースの境界線は、きわめてあいまいで、しかも壊れやすいのだ。

POINT

情熱には、生物学的起源だけでなく、心理学的起源もある。

つらい経験をしたという感覚、すなわち「トラウマ」は、生産的な情熱を生む場合がある。

情熱を追求することにより、人生の不満足な側面と向き合わずに済み、心理的な逃げ場を得られることもある。

それは、破滅的な行動を避けられるなど、

好ましい結果につながる可能性もあるが、根本的な問題を直視する妨げになるなど、悪い結果を生む可能性もある。

情熱を生む生物学的・心理学的要因は、依存状態を引き起こす原因にもなりかねない。そのような衝動が好ましい方向に進むよう、意識的に気を配ることが重要だ。

ここまでの記述により、情熱とはどのようなものかという全体像が見えてきただろう。passion（情熱）という言葉——最初は*passio*という形だった——は、元々は受難を意味していたが、いまでは好ましいニュアンスをもつようになった。しかし、状況によっては、今日でも古い意味のほうが当てはまるケースもある。

情熱は、人間の進化のプロセスに関わる要因（「生まれ」）と、個人の人生の経験に関わる要因（「育ち」）の両方が原因になって生まれる。人は強い強迫観念をもって行動するとき、深く根を張った不安と戦い、過去の経験に由来する欠乏感をやわらげ、いま直視したくない問題から逃れることができる。そのような行動に人を駆り立てるのは、人間の生物学的メカニズム、具体的にはドーパミンという神経伝達物質だ。ドーパミンは、人がつねに「もっと多く」を欲するように仕向け、現状に満足させない。情熱の魔力に屈しやすい生物学的特徴を生まれつきもっている人がいることは確かだが、価値あるものと感じる活動をそれなりの回数繰り返せば、誰でもその活動の虜になる可能性がある。

次章以降では、**情熱を燃やす対象をどうやって見つければよいか、情熱をいだいたとき、どのようなことが起きるか、そして、どうやって好ましい情熱をはぐくみ、その情熱が好ましい道を進むよう促せばよいか**を論じる。

第3章のテーマは、情熱を発見（もしくは再発見）する方法だ。あなたの才能と関心に沿って、夢中になれて人生に活力をもたらせるものを見つける方法を考えたい。

第4章では、悪しき情熱をテーマにする。一見すると生産的に見えるタイプの情熱も、破滅的な結果を招く場合がある。どのような落とし穴があるかを知れば、前もって危険を察知し、早期に対策を取れるだろう。

第5章では、好ましいタイプの情熱について検討する。情熱をコントロールし、それが好ましい道を歩むよう促すために、どのような思考様式が必要かを見ていく。あなたの考え方と自我が情熱のあり方に強い影響を及ぼすことを指摘し、情熱の追求と人生のそれ以外の側面の調和を保つための実践的な方法を紹介する。

第6章では、情熱をいだきながら、人生のバランスを保つことが可能なのかを考えたい。ある活動をしゃにむに追求することと、それ以外の人生の楽しみを保ち続けることは、両立可能なのか。そもそも、それを目指すべきなのか。燃え尽きることを避けつつ、情熱を猛烈に追求するには、どうすればよいのか。

第7章では、自己認識の威力に光を当てる。生涯にわたって情熱をもち続け、好ましい情熱をはぐくむうえでカギを握るのは、自己認識なのだ。

最後の第8章では、くじけることなく、円滑に、情熱を卒業する方法を学ぶ。

私たちの願いは、本書を通じて読者が情熱について正しい知識を得て、理解を深めること。そして、読者が**自分の人生で情熱を意識的にマネジメントできるようになることだ。**それができれば、情熱は災厄にならず、つねにあなたの人生に恩恵をもたらす存在になるだろう。

第 3 章

情熱は見つけて、育てるもの

すぐに決断せず
長期的な展望をもとう

有史以来、人類は強烈な愛の感情の本質を理解しようとつねに試みてきた。哲学者や芸術家、詩人、科学者がそれぞれの見解を披露し、さまざまな専門分野に基づいた視点を示している。

子どもは、情熱的な愛と恋の物語を聞かされて育つ。それは、「白馬の王子」との出会いの物語だったり、運命の相手と巡り合ったときにどうすれば気づけるのかというアドバイスが詰まったおとぎ話だったりする。

そうしたお話によれば、運命の人には出会った瞬間に惹きつけられる。胸の奥底から強い思いが湧き上がってきて、相手のことを考えずにいられなくなるという。そして、真の愛を見いだせれば、あらゆる悲しみが消え去るとされる。「ソウルメイト」がありのままの自分を受け入れ、欠点を埋め合わせてくれれば、不満や苛立ちが解消するというのだ。真の愛さえあれば、満たされて、無上の喜びを味わえるということらしい。

唯一無二の愛を重んじる発想は、大半の人の思考に深く刻まれている。主人公がそのような相手を探すストーリーのディズニー映画を最後に見たのは何十年も前だったとしても、唯一の「正しい」相手がどこかにいるという考え方はたいていの人がもち続けている。マリスト大学世論研究所（ニューヨーク州）の調べによると、73パーセントの人はソウルメイトの存在を信じているという。[*注1]

しかし、昔からそうだったわけではない。「ソウルメイト」という言葉が広く用いられはじめたのは、20世紀になってからだ。それまで、愛と結婚に関する考え方は今日よりはるかに複雑で、ある意味では格段に現実的だった。ほとんどの時代、愛とは、剥き出しの感情がすべてではなく、理性にも関わるものだったのである。商売上の理由や家族の事情、その他の実利的な目的により結婚相手が決まるケースもけっして珍しくなかった。

ただちに激しく惹きつけられる感情だけが本当の愛とは限らないという発想は、古くは古代ギリシャに遡る。古代ギリシャ人は、愛とは、パートナーのことを学び続けて親密になっていくプロセス、つまり瞬間的に形づくられるものではなく、時間をかけて育てていくものと考えていた。人類は何世紀もの間、相性が完璧な相手を探すことに血道を上げるのではなく、親密な絆をじっくりはぐくんでいたのだ。

しかし、19世紀にロマン主義が興隆し、理詰めの思考よりも情緒的感覚が重んじられる時代になると、愛に対する主流の考え方が変わりはじめた。ロマン主義者たちは、理性なんて相手にせず、自分の感情と感覚を信じるべきだと考えた。その結果、愛は、ただちに相手に惹きつけられる抗し難い感情を意味するように変わった。そして、そのような感情が湧いてくる対象は、唯一無二の理想の相手に違いないと考えられるようになった。社会科学者は、この思考様式を「愛に関する運命論」と呼ぶ。これは、今日も主流の考え方であり続けている。

フィット思考の落とし穴

そうした考え方は、どのような結果をもたらすのか。研究によれば、運命論を信じている人は、些細ないさかいの兆候が見えただけで相手との関係を終わらせたくなる場合が多い。「この人は運命の相手ではなかった」と判断し、また新たに運命の人を探しはじめるのだ。[*注2] 運命論者は、最初に完璧な相手を見つけることを何よりも重んじる。この考え方によれば、最初に選択を誤れば軌道修正はほぼ不可能とみなされるからだ。唯一無二のソウルメイトと出会えたという確信をもてないとすれば、最善ではない相手で妥協したことになる。

しかし、多くの場合、**運命論は好ましくない結果を招く。オール・オア・ナッシングの考え方に陥り、ありもしない「完璧」を永遠に追い求めるようになりやすい。**

愛に関する考え方は、情熱への向き合い方にも関係してくる。前章で簡単に触れたように、情熱と愛は深く絡み合っているからだ。実際、情熱の対象についても完璧な相性を追求すべきだと考える人が多い。新しい趣味や仕事を始めたときにいだく感覚、言ってみれば最初に生まれる化学反応を見れば、理想的な対象と巡り合えたかがわかるというわけだ。具体的には、気持ちが高ぶり、熱意とエネルギーが湧いてくるべきだとされる。もし、これらの好ましい感情を最初にいだけなければ、情熱を注ぐ対象をほかにもっと探し続けたほうがよいという。

情熱に関する科学的研究（研究者の数はまだ少ないが、増えはじめている）の世界では、この種の考え方は「フィット（適合）思考」と呼ばれる。最新の研究によれば、**78パーセントの人がフィット思考の持ち主だ。**情熱におけるフィット思考は、愛における運命論とよく似ている。ただちに熱い情熱をいだけるような活動や仕事、最初から直感的にピンと来る対象を見つけることが幸福につながると考えるのだ。[*注3]

この種の発想をする人が多いことは事実だが、だからといって、それが最も好ましい考え方だということにはならない。フィット思考の持ち主は、概して第一印象に左右されすぎる。人生で何を追求するか、とくにどの職業に就くかを決める際に、今後の改善の余地がどれくらいあるかよりも、最初の印象を基準に判断するケースが多い。しかし、一般的に、長期にわたり充実感と満足感を味わい続けるためには、成長の可能性があることのほうが重要だ。

フィット思考の人は、新しい挑戦を始めても、最初に試練にぶつかったり、期待はずれの結果を経験したりしたときに、早々と挑戦をやめてしまうことが多い。肩をすくめて、「私には向いていなかったみたいだ」と考える。そればかりか、研究によると、フィット思考の人は情熱が次第にしぼんでいく場合が多く、当初の情熱が冷めると「中年の危機」のような状態に陥りやすいという。[*注4]

　このように考えると、フィット思考は成功の妨げになると言えそうだ。この思考様式の持ち主はおのずと、すぐに快感をいだける活動しか実行しようとせず、困難や試練にぶつかったときに心が折れやすい。

　情熱の対象を探すとき、最初から興奮できるかどうかをいっさい無視しろとは言わない。しかし、はじめから完璧な対象を見つけることに固執するのは避けたほうがよい。一目ぼれで完璧な相手と出会うことにこだわる人は、往々にして誰にも愛情をいだけない。情熱も同じだ。最初から完璧なものを見つけることにこだわる人は、いつまでも情熱をいだけない場合が多い。それよりは、**要求水準を下げ、完璧を追求せずに、おもしろければよいと考えてみてはどうだろう。いっさい先入観なしに、興味をそそられたものを追いかけてみるとよい。**

　映画史上有数の興行収入を稼ぎ出した映画『タイタニック』がどうやって生まれたのかご存じだろうか。監督のジェームズ・キャメロンはメンズ・ジャーナル誌の取材に対し、この作品がそのような大ヒット映画になるとは予想していなかったし、そもそもそれを目指してもいなかったと述べている。

出発点は、もっとシンプルな野望だった。「映画会社の幹部たちは真に受けなかったようだが、私が『タイタニック』を撮りたいと思ったのは、沈没船ダイビングをしたかったからだった。その費用を誰かに出させるにはどうすればよいかと考え、そのためには映画をつくればよいと気づいた」とのことだ。

つまり、興味をそそられたものを追いかけただけだったのだ。映画史上屈指の大ヒットは、あとからついてきた結果にすぎない。それは「私的な探求」の副産物だったと、キャメロンは同誌に語っている。

32歳のマリッサ・ニューマンは、テキサス大学オースティン校で哲学を学ぶ博士課程の学生だ。10年以上前の学部生時代も哲学を勉強していたが、多くの哲学専攻の学部生がそうであるように、哲学で生計を立てるのは無理だと自分を納得させた（まわりの人たちからもそう言われていた）。そこで、ロースクールに進むことにした。

ロースクール時代も、興味をそそられるのはもっぱら哲学の授業だった。空き時間には、法律の専門誌や「アバブ・ザ・ロー」のようなブログではなく、哲学の本を読みふけった。ロースクールで3年間学び、法務博士（JD）の資格を取得したが、弁護士になっても充実感を味わえないだろうと思った。けれども、まだ学費ローンが残っていたし、哲学でどうやって食べていけばよいのかもわからなかった。そこで、法律ではなく、広告の仕事や、非営利事業の事業開発と資金調達の仕事に就いた。

法律だけでなく、哲学からも離れたように見えるかもしれないが、自分の関心は追求し続けた。「仕事のなかでいちばん好きなのは、大きな戦略を議論すること。そして、『いまやっていることの意味は？』『目的を達成するにはどうすればよい？』といったスケールの大きな問いを投げかけたり、そうした問いに答えたりすること。そのような機会を増やせるように、自分の仕事を形づくっていきました」

同僚のなかには、上層部の目にとまって昇進することが目的なのだろうと邪推した人もいたかもしれない。しかし、それは事実と異なる。「私はそのような議論がしたかっただけ。そのためには、（上層部と）話す必要があったのです」と、ニューマンは振り返る。一方、仕事以外の時間には、哲学の本を読んだり、哲学に関する議論をしたりした。固定観念にとらわれて哲学を完全に捨てることはしなかったけれど、哲学を唯一の天職と考えることもしなかったのだ。

「『仕事を続けて借金を返済し、そのあと哲学で食べていく方法を考えよう』と思ったことは一度もなかった」と、ニューマンは言う。**「ただ好奇心に導かれて行動し、楽しいこ**

と、**興味があることをしていただけ」**だったのだ。

5年後、ロースクールの学費ローンをすべて返済していたニューマンは（幸い奨学金を受給していたので、途方もない金額の借金は抱えていなかった）、哲学の大学院博士課程に進むことを決めた。「いま振り返れば、18歳で大学に入学したときからこのような人生計画を立てていたように見えるかもしれない。でも、それはまったく違う。自分の興味を追いかけ、自分の前に開けた道を歩んできただけなのです」

おもしろそうに思える活動や考え方と遭遇したとき、**あなたには2つの選択肢がある。ひとつは、前のめりになって、関心をさらに追求するという選択。もうひとつは、関心を黙殺し、深追いしないという選択だ。**ちょっと気になっただけだと片づけるのである。

ここで黙殺を選択した場合、あなたはある強力なメッセージを発することになる。その活動なり考え方なりには大した価値がない、というメッセージだ。このメッセージは、たちまち脳に深く刻み込まれる。その結果、次にそれと似たものと遭遇しても、脳は興奮のシグナルを発しない。「この類いのものを追いかける必要はない」というメッセージをすでに受け取っているからだ。

最初に関心を引かれたときにそれを追求すれば、あなたの脳はこれと正反対の反応を示す。「興味を引かれたものを追いかけることは、エネルギーと集中力を費やすに値する」

というメッセージが神経のシステムに刻まれるのだ。

興味は、探求への招待状だ。大きな意義を見いだせる可能性がある活動へ目を向けるきっかけになりうる。しかし、そのような結果を手にするためには、まずその招待を受けなくてはならない。[*注5]

POINT

自分が情熱に関してどのような思考様式をもっているか考えてみよう。あなたは、「フィット（適合）思考」をいだいていないか。研究によれば、78パーセントの人はフィット思考の持ち主で、最初から情熱をもてる趣味や仕事を見つけることが幸せにつながると考えているという。

フィット思考には、いくつかの落とし穴がある。

- 新しいことに取り組みはじめても、試練や不快な経験の兆候が少し見えただけで、すぐにやめてしまう可能性が高い。

- 一時の快楽を優先させ、長い目で見た成長の可能性を犠牲にしがちだ。
- 取り組む活動が変容を遂げる過程で「中年の危機」のような状態に陥りやすい。
- 完璧を求めてさまざまな活動を次々と試し続ける結果、情熱を長続きさせることが難しくなる。

新しい考え方や活動にはじめて取り組むときはとくに、完璧を求めすぎないほうがよい。

「完璧」より「興味」を優先させよう。最初から完璧に思えるものを見つけようとするのではなく、いっさい先入観なしに、興味をそそられたものを楽しんで追いかけてみよう。

「私にはぜったいムリ症候群」

人は何かに興味をそそられても、そのまま放置することが非常に多い。たとえば、「いまはとても忙しいから」と考えて、目先の課題やスマートフォンに注意を向けてしまう。自己イメージに反する活動に興味を引かれたときは、好奇心に突き動かされて行動しても好ましい結果にならないと決めつけたりもする。

私たちは、このような抵抗感を「私にはぜったいムリ症候群」と呼んでいる。たとえば、「授業料を支払ってビジネススクールで勉強したのに、どうしてアートに手を出す必要があるのか」「私は医師であって、エッセイストではない」「64歳になるのに、自分の手を使う仕事なんて一度もしたことがない。もう遅いよ」などと言う。

「私にはぜったいムリ症候群」は、年齢を経るにつれて強まっていく。この思考パターンに陥ると、いわゆる経路依存型の思考が強まる。これまである道を歩んできた以上、（唯一とは言わないまでも）最善の選択肢はその道を歩き続けることだと考えるようになるのだ。このような発想が強い人は、よりよい人生に、より充実した人生に自分を導いてくれる可能性がある新しい機会を試そうとしない。

しかし、これまで歩んできた道と違っても、言い換えれば、これまで形づくってきた自我と衝突するように思えたとしても、興味を引かれたものを追求してみなければ、自分が正しい道を歩んでいるかわからない。**それまでどのような経験をしていようと、自分をひとつの枠に押し込むことは避けるべきだ。**新しいものを受け入れる姿勢をもたず、試すこともせずに、新しい活動や考え方をくだらないと早々と決めつけた結果、情熱が形を成さずに消えていくケースはあまりに多い。

探求の精神をもつことはきわめて重要だ。情熱の対象を見いだすまでの道は、しばしば長く、曲がりくねっている。途中で間違った曲がり角を曲がってしまうことも多い。最初は胸躍るように感じられた活動や仕事が期待はずれに終わるケースも珍しくない。それでも、勇気をもって探求を続けよう。

情熱に関して「フィット思考」にはまり込まないように警戒しよう。最初の時点で「完璧」だと感じられないとしても、新しい活動をすぐにやめないほうがよい。それよりも、芽生えたばかりの関心を追いかけてみるべきだ。それが本格的な情熱の対象へ成長する可能性があるか、正確な判断がつくまで続けてみよう。以下で述べるように、**ある活動が情熱の対象になりうるかは、その活動が3つの基本的な条件を満たしているかで決まる場合が多い。**

POINT

興味を引かれる活動や考え方があれば、それを追いかけてみるべきだ。

自己イメージや過去の経験に縛られないほうがよい。

「私にはぜったいムリ症候群」が生む抵抗感を克服し、これまで歩んできた道からはずれているように思えたとしても、興味を引かれたものに関心を向けてみよう。

壮大な野心はほぼ例外なく、興味を引かれたものを追いかけた結果として生まれる。

モチベーションが続く3要素

1970年代前半、心理学者のエドワード・デシとリチャード・ライアンが「自己決定理論」という考え方を発展させ、モチベーションに対する科学界の見方を大きく変えた。この新しい仮説によれば、当時の一般的認識に反して（その通念は今日もかなり残っているが）、モチベーションの主たる原動力は、カネや名誉や他者の評価などの外的報酬ではない。モチベーションを長続きさせるためには、3つの基本的なニーズ、すなわち有能感、自律性、関係性へのニーズが満たされる必要があると、デシとライアンは主張した。[*注6]

・有能感

自分の努力がどのような結果をもたらすかをコントロールできていると感じ、次第に進歩していけると思える必要がある。頑張れば進歩できると思えなければ、努力への意欲をもつことは難しい。仕事や娯楽にせよ、それ以外のことにせよ、自分が進歩していると感じられなければ、その活動を続けたいと思う人はいない。自分のやっていることに手ごたえを感じたいというのは、誰もがもっている欲求だ。努力するなら、誰だって成果を手にしたい。

●自律性

「自分らしさ」という言葉が使われることもある。要するに、自分という人間の本質と矛盾しない生き方をする必要があるのだ。「自分がどんな人間か」と「自分が何をするか」を一致させることと言ってもよい。自分の中核的価値観や信念を反映した仕事に就き、仕事を通じて自分の本質の一部を表現すべきだ。

今日の経済では内的な充実感より外的な報酬が重んじられるため、自律性を得られていない人が多い。しかし、ワシントン大学の研究チームの論文によれば、情熱と幸福感を長続きさせるためには自律性が不可欠だ。論文の一節を引用しよう。

> 仕事を通じて本当の自分を表現できていると感じられることには、人生に方向性と目的をもたらすという大きな利点がある。仕事をすることにより、「私は何者か」「私は人生で何をすべきか」といった根本的な問いに答えることができる。[*注7]

新しい関心を追求するときは、それが自分の中核的価値観を反映するものか確認しよう。たとえば、その活動を通じて創造性を発揮したり、自由を表現したり、知識を増やしたり、長所を伸ばしたりできるだろうか。ここに挙げたものがすべてではない。どのような中核的価値観をもっているかは、人それぞれだ。

重要なのは、立ち止まり、みずからに深く問いかけること。「私はどのような価値を信じているのか」「私が取っている行動は、自分の内面と矛盾していないか」といったことを問うのだ。このような内省の時間を取らず、慌ただしい日々を生きている人が多いが、内省をおこなえば有意義な時間を過ごせる。

● 関係性

ほかの人たちとのつながりを感じられる必要もある。人は、自分が大きなものと結びついている、あるいはその一部であると感じられることを好む。人間は社会的な動物だと言われる。人類が生き延び、繁栄できたのは、強く結束した集団のなかで、ほかのメンバーと協力し合い、共感し合う能力の賜物だ。子どもの世話をしたり、縄張りを守ったり、食料を得るための狩猟や採集をしたりするなどの活動で、自分だけでなく集団のために助け合うことにより、人類の生存確率は大幅に高まった。ほかの人たちとつながり、大きな集団の一員でありたいという思いは、人間のDNAに文字どおり刻み込まれているのだ。

　集団で行動することがつねに最善の結果を生むとは限らないが、大きな集団との結びつきを感じられる活動が長続きしやすいことは確かだ。そのような結びつきを感じる方法はいくつもある。ほかの人と一緒に活動してもよいし、ほかの人たちの役に立てると実感できる仕事に取り組んだり、ほかの人の仕事を引き継いだり、ほかの人の仕事のお膳立てをしたり、仕事を通じて物理的・知的コミュニティの一員になったりすればよい。


　以上の3つのニーズを満たす活動は、楽しくて、長続きする可能性が高い。情熱を持続させるには、これらの条件を満たすことがほぼ不可欠と言ってもよい。

　この3つの条件を満たす活動にこそ、夢中になるべきだ。人はそのような活動をしているとき、ある好ましい感情をもてる可能性が最も高い。自分が生き生きとしていて自己実現ができていると感じ、自分のすべきことに携わっていると思えるのだ。このような感情が湧いてくれれば、情熱が芽生えつつある証拠と言える。そうなると、人はその活動にすべてを捧げたくなる。しかし、以下で述べるように、それは避けたほうがよい。**情熱は少しずつゆっくりはぐくむのが賢明だ。**

POINT

情熱の対象を見つけるまでの道は、長く曲がりくねっているように思えるときもある。しかし、助けになる案内図は存在する。以下の点に留意するとよい。

- 完璧を追求しすぎないようにしよう。新しい仕事や趣味を始めるとき、最初の段階で強い興奮を感じられるかどうかに重きを置きすぎないほうがよい。はじめから完璧な相性を求めれば、失望する可能性が高い。
- とくに、３つの基本的なニーズ（有能感、自律性、関係性）を満たせる活動に目を向けよう。興味を情熱に発展させるためのモチベーションを維持するには、その活動がこれらの条件を満たしていることが不可欠だ。

shouldとmustの両方を選ぶ

新しい情熱をはぐくみはじめた人はほどなく、シンプルだが重要な問いを自分に投げかけるようになる。どうすれば、情熱のために費やせる時間とエネルギーをもっと増やせるのか。どうすれば、情熱の追求が人生のなかで占める割合をもっと大きくできるのか。その活動に全身全霊で取り組んでもよいのか。どうすれば、その態勢が整ったとわかるのか。

『「should」と「must」の岐路で *The Crossroads of Should and Must*』という著書を著したアーティストで著述家のエル・ルナは、すぐに100パーセント没頭することの大切さを強く訴えている。ルナに言わせれば、「should」――そうする義務があると感じていること、そうすべきだと周囲から期待されていること――に固執する人があまりに多い。しかし、これはその人の快適ゾーンにとどまる行動であり、いつもの型にはまった行動にすぎない。要するに、無難な道である。彼女が勧めるのは、勇気をもって、「must」――本当に興奮できて、自分が生き生きしていると感じられること――を追求する生き方だ。情熱を注げそうなテーマが見つかった人は、それを追いかけ、うしろを振り返ることなく全力で打ち込むべきだと、この著書は説いている。[*注8]

このような主張をするのは、ルナだけではない。近くの書店に足を運び、情熱をテーマにした本をいくつか見てみてほしい。ほとんどの本に共通する主張がある。ひとことで言えば、後先を考えずに、芽生えたばかりの情熱の追求に飛び込め、というのだ。

ルナの場合、それはソフトウェア開発の新興企業を辞めて、アートの制作に取り組むことを意味した。この決断は好ましい結果をもたらした。著書がベストセラーになり、いまは絵画とデザインと執筆の日々を送っている。本人の言葉を借りれば、彼女は「must」を選択したのだ。ルナ以外にも、新しい道に踏み出し、夢を追いかけ、その夢を実現しようと思えば、このような選択が避けて通れないと考える人は多い。

しかし、「must」を選択することがつねに可能とは限らないし、つねに賢明とも限らない。そのような選択をするには、リスクを許容できること、実務能力をもっていること、経済的に安定していることが必要となる。問題は、これらの条件を満たしている人ばかりではないことだ。新たに芽生えつつある情熱に全力で打ち込むために、誰もが仕事を突然辞めたり、それまでやってきたことに終止符を打ったりできるわけではない。

実は、それで構わない。むしろ、そのほうがうまくいく可能性もある。**情熱の追求に費やす時間とエネルギーを増やす最善の方法は、「must」を「should」より優先させることではなく、「should」と「must」の両方を選ぶことである場合が多い。**

2013年、アカデミー・オブ・マネジメント・ジャーナル誌に、「仕事を辞めるべきなのか――起業へのハイブリッド型の道」という論文が掲載された。この研究をおこなったウィスコンシン大学の2人の研究者は、起業ブームのなかでしばしば問われる問いに答えたいと考えた。それは、起業的な活動――その本質は情熱を利益に変えることにある――に取り組みたい場合、いまの仕事を続けるべきか、やめるべきか、という問いだ。

この研究で何千人もの起業家に話を聞いたところ、**個人としての新事業への挑戦と並行してそれまでの仕事を続けた人（この論文ではそのようなアプローチを「ハイブリッド型起業」と呼んでいる）は、仕事を辞めた人に比べて、起業に失敗する確率が33パーセント低い**という。[*注9] この研究結果を紹介したハーバード・ビジネス・レビュー誌の表現を借りれば、「起業に全面的にのめり込むのは、最善手ではないのかもしれない」[*注10]。

ある特定のことにすべてを賭けている人は、きわめて脆弱だ。早まって行動してしまった場合は、とくにその傾向が目立つ。経済的にせよ心理的にせよ、成果へのプレッシャーにさらされている人は、筋道立てて慎重にものを考えることが難しくなる場合が多い。非合理な意思決定をくだしがちなのだ。

すべてを賭けている人は、成功したいからではなく、成功しないと困るから行動する。

大リーグのオークランド・アスレチックスでゼネラルマネジャー（GM）として腕を振るっ

たビリー・ビーンも、端的にこう言っている。「何かをしないと困ると思った時点で、一巻の終わりだ。不利な取引に応じる羽目になる」[*注11]

そのような状況に陥りたくなければ、投資家で著述家のナシーム・ニコラス・タレブが言う**「バーベル戦略」を実践するとよいだろう**。重量挙げのバーベルは、左右の両側に同じ重さの重りがついていてバランスが取れている。片側に、リスクは小さいけれど報酬も小さい活動、反対側に、リスクは大きいけれど報酬も大きい活動を配したバーベルのように、「ある領域で安全策を取り、別の領域でリスクのある行動を取るという二本立てのアプローチ」を実践するのだ。そうすれば、安全が確約されるわけでもないのに報酬もさほど大きくないという、中途半端な状態を避けられると、タレブは言う。[*注12]

この戦略には、2つの大きな利点がある。第一に、失敗しても破滅はしないとわかっていれば、大きな報酬と引き換えに大きなリスクを伴う行動が取りやすくなる。もっと手堅くやったほうがよくないかと心配したり、迷いが振り払えなかったりすることがない。第二に、滑り出しが期待はずれだったとしても、仕事を辞めていないので、窮地に陥らずに済む。ある戦略がうまくいかなければ、ほかの戦略を次々と試し続ければよい。

言い換えると、バーベル戦略は、段階的に情熱を追求するアプローチだ。これを実践すれば、プレッシャーがやわらぎ、ミスをする余裕がもてる。失敗を経験し、それから学ぶことが可能になるのだ。まだるっこしくて退屈に思えるかもしれない。しかし、長い目で見れば、そのほうが成功の確率が高まる。**イチかバチかという挑戦をする人は、たいてい大失敗する羽目になる。それに対し、時間をかけて段階的に前に進む人は、最終的に大きな成果を手にできることが多い。情熱が人生のなかで占める割合を拡大する最善の方法は、少しずつそれを大きくしていくことなのだ。**

　ブラッドは、バーベル戦略をよく知っている。それを実践することにより、執筆とコーチングに対する情熱を職業に転換したのだ（いまもこの戦略を継続している）。ブラッドにとって、「should」は企業相手のコンサルティングの仕事だ。収入はよいし、顧客の大半がヘルスケア企業で、やりがいもある。要職に就いている人たちと仕事をする機会もあり、仕事仲間のことも大好きだ。

　けれども、子どもの頃からの「must」は、執筆と一対一のコーチングだった（執筆への思いは、全米屈指のノースウェスタン大学ジャーナリズム・スクールへの入学がかなわなくても変わらなかった）。そこで、コンサルティングの仕事で多忙な日々を送るなかでも、個人ブログを頻繁に更新したり、何人かの人たちにコーチングをしたりしていた。やがて、ブログ記事をきっかけに、執筆の仕事が舞い込むようになった。はじめて大きな媒体で記事を書いたのは、２０１３年にロサンゼルス・タイムズ紙にコラムを寄稿したときだった。その後、有力媒体への執筆が増えはじめると、コンサルティングの仕事をやめてフリーランスの仕事に専念したいという誘惑に駆られた。[*注13]

それでも、思いとどまった。執筆の仕事は、あくまでも副業として続けたのだ。執筆とコーチングの仕事が増えるにつれてコンサルティングの仕事に割く時間は減っていったが、その仕事をやめることはなかった。執筆とコーチングに全身全霊を捧げることはしなかったのである。2冊の著書を発表し、幹部クラスの人たちにコーチングするようになった今日も、コンサルティングの仕事はパートタイムで続けている。

ブラッドはバーベル戦略を実践したおかげで、どの媒体にどのテーマで執筆するか、誰のコーチングを引き受けるかを選ぶことができた。執筆する文章の質も高まった。コンサルティングの仕事を続けていたため、プレッシャーを感じず、質の高い文章を書くことに集中できたのだ。家賃をまかなうために、オンラインでアクセス数を稼ぐための劣悪な記事を量産する必要などなかった。それに、たとえ失敗しても破滅するわけではないと思えたので、執筆で生計を立てていたら引き受けられないような仕事もできた。

ブラッドは、執筆とコーチングに専念できる日が来ることを望んでいるのか。この問いの答えは、間違いなくイエスだ。しかし、それを実現し、その状態を継続するためには、段階を追って前に進むのが最善だと気づいたのだ。時間とエネルギーの使い道を、さらには（実際的にはこちらのほうがもっと重要だが）収入源も少しずつ変えていくのがよい。この戦略を実践しはじめたのは8年以上前のことだ。当時の比重は、コンサルティングが99パーセント、執筆とコーチングが1パーセントだった。いまは、そのバランスが逆転しつつある。

「should」よりも「must」を優先させ、最初から情熱の追求に専念することにも、メリットがないわけではない。激しいプレッシャーにさらされているときに本領を発揮するような人は、このほうが好ましい結果につながるかもしれない。しかし、研究によれば、**大多数の人にとって最善のアプローチはバーベル戦略だ。安全で安定した仕事から情熱を燃やせる活動へ、少しずつ比重を移していけばよい。**

エル・ルナは『「should」と「must」の岐路で』の中で、世界的なベストセラー作家であるジョン・グリシャムのエピソードを紹介している。グリシャムは最初、「弁護士兼作家」として出発し、毎朝5時に起床して「おぞましい犯罪や悪事をめぐるストーリーを執筆し、そのあと裁判所に向かった」。刑事弁護の仕事と並行して執筆に励むこと3年。グリシャムは書きためたストーリーをひとつの小説にまとめ上げた。その作品はいくつもの出版社で出版を断られたが、最終的に出版にこぎつけることができた。

兼業作家だったからこそ「誰もが知るベストセラー作家になれた」のだと、ルナは指摘している。[*注14] 要するに、グリシャムは「should」を捨てて「must」を選ぶのではなく、その両方を何年も実行し続けた人物だったのだ。

しかし、話はこれで終わりではない。グリシャムはその後もずっと弁護士の仕事を続けたわけではなく、やがて執筆に専念することを決断したのである。今日までに送り出したベストセラーは30作以上。この選択は正解だったようだ。

ここから重要な事実が浮かび上がってくる。ここまで述べてきたように、情熱の追求に最初から全身全霊を捧げるより、段階的に前進するほうがはるかにうまくいくことは間違いない。実際、好きなことに趣味や副業として取り組むだけでもそれなりに大きな充実感を味わえるし、この方法ならリスクも最小限に抑えられる。たいていの人は、これで十分に満足できるだろう。しかし、**情熱を感じられることだけをしたいという思いが強く、それを人生の軸に据えたいと考えている人は、どこかの時点で賭けに出なくてはならない。**自分を信じて思い切った決断をし、その活動にすべてを捧げる時期が来るのだ。

情熱に全力を尽くすタイミング

仏教の古い教えによれば、自信は実践を重ねることで形づくられるものだ。「それは、農家が自分なりの作物の育て方に対していだく確信と似ている」と、禅僧のティク・ナット・ハンは述べている。「それはものごとを無条件に信じることではない。特定の考え方や教義を信じ込むこととは異なるのだ[*注15]」

情熱の追求に専念するために仕事を辞めたり、遠くに移住したり、学校に戻って勉強したりすることを決断するのに必要なのは、この種の自信だ。それは、単なる予感や直感ではなく、大量の証拠に支えられた確信でなくてはならない。確かな根拠に基づいて、自分が自力でやっていくことができ、これまで精いっぱい頑張ってきて、必要なスキルも身につけており、じっくり時間をかけて情熱をはぐくんできたので、いまなら情熱の追求を次の段階に進める条件が整ったと思える必要がある。

どんなに好ましい条件がそろったとしても成功の保証はないが、以下の項目――いずれも自信をもって情熱の追求に突き進むために重要な根拠となる――に「イエス」と言えれば、成功の確率は高い。

- 私は成功するために必要な努力を払ってきた。
- 私は自分がもっているスキルを数度にわたって検討し、情熱の追求に専念した場合に、（経済的・肉体的・情緒的に）最低限生き延びられるだけのスキルをもっていると確認できている。

- 私はスキルを磨き続ける意欲と勤勉性をもっている。
- 私は情熱をもっと深く追求することに伴う代償を十分に理解し、納得している。
- 私は行動計画をもっている。メンターを確保し、家族や友人の支援も得ている。途中のステップで目指すべき達成目標も明確だ。必要に応じて計画を修正する用意もある。
- 私はいくらか緊張してはいるけれど、情熱の追求に全身全霊で打ち込むことに不安はまったくない。胸躍る思いだ。
- 私はそれを強く望んでいる。情熱の追求に関わることすべてに全力で取り組むつもりだ。

以上の項目すべてに「イエス」と言うことができ、情熱の追求に没頭する準備ができていると思えるなら（すでに情熱の追求に専念している人の場合は、それを継続できると思えるなら）、あなたはそのような生き方をするのに必要な自信をもっていると考えてよい。**もし確信をもって「イエス」と言えない項目があったとしても、心配はいらない。今後も段階的に前進すればよいだけのことだ。**もっと自信をもてる日を、もっと自信をいだく理由が見つかる日を待てばよい。

情熱の追求に全精力を注ぎ込めるときが来たと、100パーセントの確信をもてる日はけっして来ない。それでも、十分な自信をもてれば、決断をくだすことはそれほど怖くない。自分が思い切った決断をしているとすら感じないはずだ。その決断は、いっそう強い情熱をもって生きる人生に移行するうえで当然の一歩にしか思えないだろう。

POINT

新しい情熱に費やす時間とエネルギーを増やしたいなら、少しずつ前進するのが最善だ。

情熱の追求が成功する確率を高めるには、「バーベル戦略」を実践するとよい。安全な領域を確保しながら、少しずつリスクを増やしていくのだ。

- 失敗しても破滅するわけではないと思えるので、大きなリスクを伴う行動も取ることができる。
- 当初の結果が期待はずれだったとしても、挑戦をやめずに済み、さまざまな戦略を試せる。

その後に、少しずつバランスを変えていく。
安全な活動に費やす時間とエネルギーの割合を次第に減らし、
情熱の対象に割く割合を増やすのだ。

いずれ、情熱の追求に専念すべきか
判断しなくてはならない時期が来る。
もしそうした道を選ぶなら、思い切った決断が求められる。

忘れてはならない。この決断をするために必要なのは、
単なる予感や直感ではなく、実践を通じてはぐくまれる自信だ。
うまくいくと思える材料（82ページ参照）があれば、
その決断はそれほど思い切ったものに感じられないだろう。

ほとんどの人は、情熱を傾ける対象を見いだし、それを人生の大きな要素にすれば、あとはすべて円滑に進むと思い込んでいる。具体的には、こんなイメージだ。まず、情熱を注ぐべきものを見つけ、情熱をはぐくむ。その後、段階的に前進し、やがて情熱の追求に全身全霊を捧げてもよいと思えるだけの自信が湧いてくる。こうして情熱の追求に専念（もしくはほぼ専念）し、その活動にのめり込むようになり、情熱に満ちた人生が楽しくてたまらなくなる。うまくいけば、成果を挙げて評価も得られるかもしれない。ここまで来れば、万事がうまく運びはじめる……。

このようなイメージをいだく人がしばしば見落としている点がある。**情熱を追求すると、どうしても危うい一線に近づく。その一線を越えた人は、きわめて困った状態に陥りかねない。**本書の冒頭で記したことを思い出してほしい。情熱は恩恵をもたらすだけでなく、災厄をもたらす場合もあるのだ。第2章で述べたように、情熱を意味する英語passionの語源になったラテン語*passio*の元々の意味は「受難」だった。

軽率に行動すれば、そのような悪いタイプの情熱が忍び寄ってきかねない。自分ではそのことに気づかない場合すらある。うまくいけば、なんとか危機を乗り切れるだろうが、その場合も貴重なエネルギーが浪費される。そのエネルギーは、ほかの目的のためにもっと有効に活用できたはずだ。また、情熱の追求が失敗に終わったり、へたをすると、そのせいで人生が破綻したりする可能性もある。

情熱について論じた書籍や記事の多くは、情熱を注ぐ対象の見つけ方を説いただけで終わる。しかし、それは出発点にすぎない。難しいのは、持続可能な形で情熱と共に生き、好ましい結果を生み出すことだ。最も好ましいタイプの情熱をはぐくみ、その情熱を人生のほかの要素と調和させる必要がある。また、情熱を手放すことをみずから選択したり、それが避けられなくなったりした場合に、円滑な移行を遂げられなくてはならない。これらの点については第5～8章で論じる。

しかし、悪しき情熱が自分の人生で根を張るのを防ぐためにも、まずは情熱の負の側面をよく理解することから始めるべきだろう。大半の人は、情熱の恩恵を満喫する前に、情熱の弊害を、少なくとも弊害らしきものを経験する。何に警戒すべきかを知っておけば、そのような事態は避けられる。次章では、この点を見ていくことにしよう。

第4章

情熱が暴走すると…

他人の評価を
モチベーションにしない

歴史上有数のモーレツ型経営者がかつてこう述べたことがある――「人間の資質のなかで私が最も重んじるのは、おそらく情熱だ[*注1]」。

この経営者は、株式時価総額６００億ドルを誇る巨大企業のＣＥＯとして、飛び抜けた情熱の持ち主だけを社員に採用した。そして、いかなる代償も恐れずに成果を追求する姿勢を奨励し、ひたすら仕事に突き進む人物を評価した。社員は朝早く出勤し、深夜までオフィスで働いた。家族より同僚たちと過ごす時間のほうが多いくらいだった。この会社では誰もが――とりわけ幹部クラスは全員が――成果を挙げることに血道を上げていた。

こうした頑張りは実を結んでいた。この経営者がＣＥＯを務めた時期、その会社はフォーチュン誌に「アメリカで最もイノベーションを実践できている大企業」と評され、株価は株式相場全体を大幅に上回るペースで上昇した[*注2]。

このＣＥＯの名前はジェフリー・スキリング、会社の名前はエンロンだ。

スキリングのリーダーシップの下、巨大エネルギー企業のエンロンが大規模な不正に手を染めたことは、当時大きく報道された。そのスキャンダルで同社の株式は紙くず同然になり、株主の損失は何百億ドルにも上った。また、何千人もの社員が職を失い、老後の蓄えも失った。確定拠出型年金の運用資産に自社株を組み込んでいる社員が多かったためだ。**自社の財務成績を伸ばし続けたいというスキリングの強烈な情熱は、史上最大の企業**

不正と企業破綻を引き起こしたのである。

エンロンが経営破綻したわずか数年後、スタンフォード大学を中退した19歳の女性が新しいバイオテクノロジー企業を設立した。この人物はアップルのスティーブ・ジョブズに強い憧れをもっていて、父親はたまたまスキリング率いるエンロンの社員だった。彼女の新しい会社は、世界を変えるとの触れ込みだった。

目を見張るペースで会社は成長を続け、巨額の投資を引きつけて、医療・健康分野の有力企業や団体と続々とパートナーシップを結んだ。２０１５年、31歳になっていた若き起業家は雑誌ヴァニティ・フェア主催のイベント「ニュー・エスタブリッシュメント・サミット」でマリア・シュライヴァーと対談した際、起業志望者へのアドバイスを尋ねられると、情熱と執念の重要性を繰り返し訴えた。「私にとって学校とは、大好きなことを追求する手段を学ぶための場だった」と、彼女は述べた。「そのうちに、どうしてもやりたいと思い続けてきたことに執念をもって取り組む体制が整ったと思えた」[*注3]

目覚ましい成功を収めた若き起業家は、野心旺盛な若者を象徴する存在になっていった。メディアから空前の脚光を浴び、フォーブス誌、インク誌、フォーチュン誌、ブルームバーグ・ビジネスウィーク誌といった有力誌の表紙も飾った。これらのメディアがことごとく強調したのは、この人物が激しい執念を燃やしてきたという点だ。ワシントン・ポスト紙も２０１５年10月、その猛烈な衝動に言及している。「彼女の成功が浮き彫りにしたように、現状を土台から破壊するような新興企業をつくるには、強い執念が欠かせない[*注4]」

ワシントン・ポストの記事は、２つの点で正しかった。ひとつは、この起業家、エリザベス・ホームズが強い執念をもっていたこと。もうひとつは、そのバイオテクノロジー企業、セラノスが常軌を逸して破壊的だったことだ。ただし、記事にあったような好ましい意味でだけ「破壊的」だったわけではない。ホームズがヴァニティ・フェアのイベントで情熱について熱く語ってから1年も経たずに、同誌は再び彼女を大きく取り上げた。しかし、今度はまったく違う角度からの記事だった。「エリザベス・ホームズの砂上の楼閣が崩れ落ちるまで」と題された記事は、セラノスが破綻にいたる過程を詳細に報じていた[*注5]。

セラノスは、安価で痛みの少ない血液検査を開発したと主張し、そのテクノロジーが「世界を変える」と宣伝していた。だが、同社の運命は暗転する。同社のラボが政府の基準を満たしていないこと、血液検査の有効性を裏づける十分な証拠を示していないことを理由に、監督官庁から制裁を科され[*注6]、有力投資家からも証券詐欺で訴訟を起こされて和解に追い込まれた[*注7]。また、セラノス社とホームズ個人は、連邦証券取引委員会（ＳＥＣ）により「大がかりな詐欺行為」を理由に提訴され、罰金の支払いなどを内容とする和解に応じた。ホームズは詐欺罪などで刑事起訴もされた。[*注8]最盛期に、セラノスの企業価値評価額は90億ドルに達していた。しかし、そのわずか数年後、同社は解散に追い込まれたのである。

報酬に突き動かされる

スキリングは、金融市場全体の安定を揺るがそうとか、社会を騙そうなどと、最初から思っていたわけではない。ホームズも、元々は科学を通じて人々の役に立ちたいと思っていた。最初は、2人とも聡明でやる気があり、倫理的な欠陥とも無縁の人物に見えた。スキリングはハーバード・ビジネススクールを修了し、有力コンサルティング会社のマッキンゼーでも有数の若手経営コンサルタントとしてキャリアを出発させた。ホームズはスタンフォード大学で学び、イノベーションと科学的発見の達成を強く目指し、大量の特許も取得していた。

2人が初期に派手な称賛を浴びたのは、激しい情熱のおかげという面が大きかった。しかし、その情熱が2人を誤った方向に導いたことも事実だ。**情熱が暴走すると、きわめて悪い結果がもたらされる場合がある。**それは、スキリングとホームズだけでなく、誰に起きても不思議でない現象だ。
もっと小規模なつまずきは、日々どこかで起きている。**目標の追求にのめり込むあまり、それが自分という人間の存在理由になり、最初にその目標を追求しようと思ったときの内面の動機を見失ってしまう。すると、その人は外的な報酬と評価に突き動かされて行動するようになる。目標を達成すればそうした報酬や評価が得られると思い、手段を選ばずに目標を追いかけるのだ。**

この「病」はさまざまな形を取る。「本を書き上げなくてはならない」と思えば、盗作に手を染めるかもしれないし、「オリンピックの代表選手に選ばれなくてはならない」と思えば、競技能力を向上させるために禁止薬物を用いるかもしれない。「売り上げ目標を達成しなくてはならない」「昇進しなくてはならない」と思えば、スキリングのように仕事で不正をおこなう場合もあるだろう。

これらはすべて、ケベック大学の心理学者ロバート・ヴァレランド教授が言う「強迫的情熱」の典型だ。ほぼすべての情熱が強迫的傾向をもつが、**強迫的情熱とは、内面から湧き起こる満足感よりも、成果や外的な報酬がモチベーションの源になっているケースを言う。**ある活動そのものより、その活動がもたらしうるご褒美に情熱をいだく状態と言ってもよい。

強迫的情熱に乗っ取られると、それまでは楽しく感じられて、倫理的にも問題がなかった情熱の追求がたちまち悪しきものに変わる。その大きな理由のひとつは、強迫的情熱をいだくことにより、自分ではコントロールできないものに自己評価を結びつけてしまう点にある。この状態は、極度の苦痛を伴う場合が多い。

- あるアスリートがトライアスロンの「アイアンマン」大会をあるタイムで完走することに情熱を燃やす、というより強迫的な執着をいだく。そして、家族や友人との時間を犠牲にして、半年にわたり毎週20時間のトレーニングを積む。しかし、大会当日、過去に例のない悪天候に見舞われる。おまけに、自転車の競技中に不運にもタイヤがパンクしてしまう。結局、目標タイムを大幅にオーバーしてゴールする。
- ある法律事務所のアソシエート（雇われて勤務している弁護士）がパートナー（共同経営者）への昇進をしゃにむに目指している。いつかパートナー用オフィスの主になることしか頭にない。しかし、パートナーに引き上げてくれるはずだった上司が病気になり、退職してしまう。念願の昇進は果たせなくなる。
- ある若い作家志望者が自著の出版を熱望している。夢は、ニューヨーク・タイムズ紙のベストセラー・ランキングに著書が載ることだ。世紀の傑作になると信じて、執筆に励む。しかし、有力出版社はどこもその作品を出版しようとしない。

この人たちは失敗したのか。望みどおりの結果を手にできたかを基準にすれば、失敗と言わざるをえない。**自分でコントロールできない外的な結果に対して情熱を燃やし、さらにはそのような目標の奴隷になると、自己評価が不安定で脆弱になるのだ。**

このような見方は、けっして新しいものではない。２０００年近く前、古代ギリシャのストア派哲学者エピクテトスは、外的な要素に執着しすぎることに警鐘を鳴らしていた。

> 私たちを最も強力に支配する主人は、なんと言っても外的環境だ。そのような支配力をもつ要素は数知れない。それらの要素のいずれかを意のままに動かせる人物がいれば、その人物は私たちのことも意のままに動かせる。私たちが何かを愛したり、嫌ったり、恐れたりするとき、そうした感情の対象を支配する人物（や環境）は、必然的に私たちを支配することになる。だから、自分で動かせないものに対して強い欲求をいだくことは、避けたほうがよい。近づくことすら避けるべきだ。さもないと、奴隷のような隷属状態に陥る。自分で自由にできないものに大きな価値を見いだしたり、不安定で予測不能なものに執着したりすると、

どうしてもそのような結果を招く。[*注9]

自己評価を外的な結果と結びつける人は、いずれ激しい落胆を味わう。現実の世界ではたいてい、ものごとに成功した場合も、すべて期待どおりとはいかない。そうした失敗を謙虚に認められなければ、不正に手を染めるか、怒りをたぎらせるか、気持ちが沈むかのいずれかになる可能性が高い。自分が失敗した、もしくは進歩がないという事実を目の当たりにすると、自分の人格が攻撃されているように感じるからだ。一歩でも後退したり、間違った方向に進んだりすれば、そのたびに自己評価が傷つく。

会社の悪口を言われたり、自分の職業が好きでないと言われたりしたときも、人は自分が否定されたように感じることがある。そうした傾向を考えると、スキリングが粉飾決算に走り、ホームズが派手な問題を起こしたのも納得がいく。2人は会社を守るというより、自分自身を守りたかったのだろう。

スキリングとホームズが派手に転落するずっと前、20世紀の心理学者で人文主義思想家でもあったエーリッヒ・フロムがこのように書いている。「ある人が得られる自由は、その人物が自我に縛られている度合いによって制約される。私たちは自我に縛られることにより、みずからの足を引っ張っているのだ……もし、自分が何をもっているかによって私という人間の本質が決まるとすれば、そのものを失ったとき、私はいったい何者と言えるのか」[*注10]。自己の多くの部分をなんらかの外的な結果と結びつけるのは、非常に危ういことなのである。

たとえ最初は正当な方法で成功したとしても、その成功が強迫的情熱によるもの、つまり外的な結果と報酬に突き動かされたものであれば、いずれ苦境に陥ることが避けられない。スキリングとホームズの場合もそうだった。

外的な結果を追いかけることに夢中になる人は、多くの場合、目標を達成してもあまり満足できない。 もっと大きな成果が欲しくなるからだ。もっとカネが欲しい。もっと名誉が欲しい。もっとメダルが欲しい。もっとソーシャルメディアのフォロワーが欲しい。こうした思いに駆られずにいられなくなる。

前述したように、人は何かに情熱をいだくと、生物学的理由により、満ち足りた気分であり続けることはほぼ不可能だ。しかも、心理学的理由により、目標の追求にいっそう深くのめり込まずにいられない。こうして、いとも簡単に悪循環にはまり込む。その先に待つ悪い結果を経験したとき、どのように感じるかは、説明するまでもないだろう。

自分ではコントロールできないものを満足感と自己評価の源にしている人は、永遠にそれを追いかける羽目になる。**現代の行動科学は、この現象を「快楽順応」という言葉で説**

明する。幸福感や満足感を味わっても、すぐその状態に慣れて、「もっと多く」を欲するようになるという意味だ。科学者がこの概念を認めるよりはるか昔に、ブッダはそれを人の精神と肉体を苦しめる「苦」のひとつと位置づけ、警鐘を鳴らしていた。

「人は成功を手にしたがゆえに、その成功を失うことを恐れて、いっそう不安が強まることがある」と、詩人のデヴィッド・ホワイトは著書で指摘した。[*注11] この言葉は真理を突いている。研究によれば、活動の分野を問わず、強迫的情熱の持ち主は非倫理的な行為に手を染めやすく、不安や抑鬱や燃え尽きに陥るリスクが高い。満足感を追い求めることにより、いっそう要求水準が高まるというサイクルにはまる結果、情熱との関係が歪み、人生全般に対する満足感が低下するのだ。ところが、スキリングやホームズのように、このサイクルを継続することに目の色を変える人たちもいる。この現象は、ビジネスの世界だけで見られるものではない。

2007年8月7日、サンフランシスコ・ジャイアンツの強打者バリー・ボンズはバッターボックスで、ワシントン・ナショナルズのマイク・バシック投手と対峙していた。歴史を塗り替えるために最高の一球を待っていたのだ。狙いどおりの球が来て強振すると、打球はライトフェンスを高々と越えていった。打った瞬間、ホームランを確信した。ボンズは両拳を突き上げて喜びを表現し、満面の笑みを浮かべた。通算756本目のホームランだった。人々に愛されてきたハンク・アーロンの大リーグ記録を更新する快挙だ。当然、お祝いムードもあった。しかし、それ以上に多くの疑念が持ち上がることになった。

その4年前、ボンズはいわゆるバルコ・スキャンダルの渦中にいた。これは、運動能力向上薬物をめぐる史上有数のスキャンダルである。FBI（連邦捜査局）がサンフランシスコ郊外の栄養補助食品会社バルコの研究施設を捜索したところ、いくつものスポーツで組織的に禁止薬物が使用されている実態が明るみに出た。わずか1回の捜索で、世界最速の男（陸上競技の男子100メートル世界記録保持者だったティム・モンゴメリー）と、大リーグ屈指のホームランバッター（ボンズ）の名声が地に落ちた。2007年にボンズがアーロンの記録を塗り替えたときには、禁止薬物使用の動かぬ証拠がすでに明らかになっていた。★

ボンズのスキャンダルのあと、大リーグは新たな救世主を必要としていた。球界の汚名をそそぎ、ボンズがアーロンから盗んだものを正当な方法で奪い返せる人物が切望されていた。その役割に打ってつけに思える人物がいた。わずか18歳で大リーグの試合にデビューした遊撃手で、20歳のときに早くもスターの座を確立し、31歳の時点で通算518本の本塁打を打っていた。順調に行けば、ボンズの穢れた記録を破ることは確実だった。大リーグ関係者やファンの誰もがこの選手を愛し、アナウンサーや評論家、ファン、そしてほかの選手たちも「ボンズの記録は長く続かない。Ａロッドがすぐに塗り替えるさ」と言って、自分を慰めていた。

しかし、２００９年、順調に通算本塁打数を伸ばしていたＡロッドことアレックス・ロドリゲスにも、禁止薬物を使用していたという確実な証拠が浮上した。結局、ロドリゲスは筋肉増強剤を使用していた事実を認めた。

大リーグに禁止薬物が蔓延したのは不思議でない。ウォータールー大学（カナダ）の研究グループによると、強迫的情熱をいだいているスポーツ選手は、筋肉増強剤など、禁止されている運動能力向上薬物に手を出しやすいという。[*注12] ある調査でオリンピック選手を対象に、確実に金メダルが取れる代わりに5年後に死をもたらす薬があれば摂取したいかと尋ねたところ、半分がイエスと答えた。[*注13]

なぜ、すでに莫大な財産を築いたトップアスリートがわずかな成績向上のために、健康や名声や人生を危険にさらすのか。彼らはわざわざ危ない橋を渡り、恩恵をはるかに上回るリスクを背負い込んでいるように見える。

しかし、そうした非合理なリスクを伴う行動に走るスポーツ選手、そしてスキリングや

★このような人物が大リーグで最も栄誉ある記録を更新することが許されたのは、大リーグ機構がボンズを出場停止にする勇気をもてなかったからだ。

ホームズのようなプロフェッショナルは、あとを絶たない。このような人たちは、外的な結果に執着するあまり、それ以外のことを軽く考えている。情熱そのものを失ったわけではないが、野球やビジネスや科学的発見に情熱をいだいているとはもはや言えない。**成功と富、名声、勝利に情熱を燃やしているにすぎないのだ。**

ロドリゲスは引退後、キャリアに関する重要なアドバイスを3つ挙げてほしいと言われた。そのとき真っ先に挙げたアドバイス、それは「情熱を見つけろ」だった[*注14]。

人がなんらかの活動それ自体ではなく、外的な評価と成功に情熱を燃やすとき、悪しき情熱が醜悪な頭をもたげる。結果にこだわりすぎる人は、自我をそれと切り離すことが難しくなるからだ。しかし、情熱が苦痛を生むパターンはほかにもある。それは、情熱が恐怖心に、とりわけ失敗することへの恐怖心に乗っ取られる場合だ。

POINT

情熱が強迫的な性格を帯びないよう気をつけるべきだ。なんらかの活動そのものより、外的な成果と評価に情熱をいだく人は、この落とし穴にはまりやすい。

強迫的情熱をいだくと、
その人の自己評価は外的な結果に左右される。

そのような状態になると、どれだけ成功しても満足できなくなる。
外的な評価を強く欲する人は、つねに「もっと多く」を望む。
もっとカネが欲しい、もっと名声が欲しい、
もっとソーシャルメディアのフォロワーが欲しいと思い続け、
そのサイクルから抜け出せなくなる。
現代の行動科学者は、このように欲求が永遠に満たされない状態を
「快楽順応」という言葉で説明する。
はるか昔、ブッダはこれを人間の「苦」のひとつと位置づけていた。

強迫的情熱の持ち主は、失敗したり、逆境に直面したり、
あるいは足踏み状態に陥ったりすると、打ちのめされやすい。
その結果、不安、抑鬱、燃え尽きを経験したり、

非倫理的行動に走ったりしがちだ。

恐怖に突き動かされる

恐怖心が人にどのような影響を及ぼすかを理解するうえでは、人間という生物の遠い過去を振り返ることが有益だ。人類がアフリカのサバンナでホモ・エレクトゥスからホモ・サピエンスへの成熟を遂げる過程で、恐怖心、なかでも失敗への恐怖心は非常に大きな強みになった。狩猟は獲物を仕留めて栄養を確保する機会だったが、捕食者や凶暴な動物に襲われる危険をつねに伴った。この時代、失敗は往々にして死を意味したのだ。そのため、人類は目標の追求にのめり込むのと同じくらい熱心に、失敗を避けたがる性質を備えるように進化していった。

ハイキングの途中でクマと遭遇したり、ひと気のない夜道で見知らぬ人と出くわしたりした経験がある人なら誰でも、恐怖心のもつ力をよく知っている。動悸が速まり、血液中にアドレナリンが溢れ出して、それが体内を駆け巡る。感覚が研ぎ澄まされて、視野が狭まる。そして、決定的な失敗を避けるためにどう行動すべきかということ以外は考えられなくなる。心の底から湧き上がる恐怖は、人間の最も原始的で最も強力な情熱に、すなわち生き延びたいという情熱に火をつけるのかもしれない。

恐怖心が目覚ましい成功の原動力になる場合があることは確かだ。人類がいままで絶滅せずにいられたのも、激情的なコーチのボビー・ナイト率いるバスケットボールチームが優勝したり、暴君型の社長が社員から傑出した成果を（少なくとも差し当たりは）引き出したりできるのも、恐怖心のおかげだ。しかし、**恐怖心に突き動かされた情熱は大きな代償を伴う。しかも、その種の情熱は、つねにとは言わないまでも、ほとんどの場合、長続きしない。**

ドミニク・モセアヌという名前に覚えがある読者もいるかもしれない。１９９６年のアトランタ五輪のとき、ニュースで大きく取り上げられた人物だ。当時14歳。女子体操の団体総合でアメリカに初の金メダルをもたらした7人組「華麗なる7人」のひとりだ。いくつもの雑誌の表紙や新聞の一面を飾り、テレビのトーク番組にも招かれた。元気溌剌な少女は、全米のアイドル的存在になった。その笑顔は、誰の心も明るくできるように思えた。

女子体操選手は概して、かなり若い時期に競技成績のピークを迎える。とはいえ、さすがに14歳がピークということはありえない。アトランタ五輪は輝かしいキャリアの出発点になるはずだった。アメリカ体操界を背負って立つことは確実に思えた。しかし、4年後には、充実期を迎えて競技の歴史に名を刻むどころか、シドニー五輪を自宅のテレビで見ることになった。燃え尽き状態になり、気持ちも沈みきっていた。

モセアヌが体操に情熱をいだいていたことは、疑問の余地がない。7歳で体操を始めて、少なくとも週25時間練習に打ち込んだ。段違い平行棒、平均台、跳馬、床運動が人生の最も重要な要素だった。しかし、体操への意欲は、内面から湧き上がってきたものではなかった。少なくとも、内的動機がすべてではなかった。競技で好成績を挙げられず、試合に勝てなかったときに、権威主義的な両親やコーチから受ける仕打ちへの恐怖心が競技に向き合う動機になっていたのだ。痛切な回想録『オフ・バランス　*Off Balance*』で、モセアヌはこう記している。

1996年のオリンピックに向けたトレーニングの時期は、キャリアのなかで最も激しいストレスに苛まれた日々だった。（コーチの）ベーラ・カーロイとマールタ・カーロイの夫妻と練習に励むうちに、大好きだった競技がだんだん悪夢のような存在になっていった。限界まで頑張っても、けっしてコーチを満足させら

れないと感じていた……ベーラとマールタは私を尊重せず、侮辱するような扱いをした。それでも、私は彼らに認めてもらうために頑張った。私は父のタータを恐れていたのと同じように、ベーラのことも恐れていたけれど、この2人を満足させようと努力した。[*注15]

アトランタ五輪で団体総合の金メダルを獲得したとき、「華麗なる7人」のほかの6人は喜びを爆発させたが、モセアヌは浮かない気持ちだった。「このとき私は気づいた。どんなに喜びたいと思っても、私が幸せを感じられるかどうかは、コーチと両親の評価によって、つまり、彼らが満足しているかによって決まった」と回想録に記している。「彼らに完璧だと思われていないと知りながら、幸せを感じることはできなかった[*注16]」

　モセアヌは明らかに、体操が楽しいとか、体操が好きだという理由で、過酷な競争に臨んでいたわけではなかった。そうした思いが情熱の主たる原動力でなかったことは間違いない。コーチや両親の怒りを買わずに済む成績を挙げるために、競技に打ち込んでいたのだ。試合で笑顔や情熱的な振る舞いを見せていたのも、すべて勝利をつかむための演技だった可能性が高い。それは、恐怖に突き動かされたものだったのだろう。

　ほどなく、モセアヌの情熱は有害なものになりはじめた。過剰なトレーニングによるダメージを負い、けがを抱えるようになったのだ。問題が白日の下にさらされたのは１９９８年。17歳になっていたモセアヌは、両親からの解放を求めて裁判を起こした。訴えは認められた。情熱の重圧が、というより恐怖の重圧が、将来を嘱望されていたスポーツ選手のキャリアを断ち切り、ひとりの少女の子ども時代を奪ったのだ。

モセアヌの半生はある面で、**恐怖が情熱を強化し、傑出した成績を挙げさせる場合がある**という実例と言える。実際、ある研究によれば、失敗を恐れている人は、失敗する可能性について考えるだけでパフォーマンスが向上するという。[*注17]

その研究でおこなったひとつの実験では、まず実験参加者が失敗を恐れているかどうかを調べ、そのうえで全員に握力検査を受けさせた。そのあと、半分の参加者には、最近の失敗を思い出し、その内容を文章に記させた。残り半分には、最近の成功を思い出させ、文章に記させた。そして、全員にあらためて握力検査を受けさせた。すると、失敗を恐れていない人の場合、成功と失敗のいずれの経験を思い出したかと、握力検査の成績は無関係だった。それに対し、失敗を恐れている人の場合は、失敗を思い出して文章に記すと成績が大幅に向上した。

もうひとつの実験によれば、言葉のパズルなどの知的な課題でも、同様の結果が見られた。「恐怖を感じると人は頑張る」と、この研究の結果をまとめた論文の筆頭著者であるニューヨーク大学の心理学者ジョセリン・ベランジェは述べている。

しかし、モセアヌの経験は、恐怖心を原動力とする情熱がもつ別の一面も浮き彫りにしている。その種の情熱は不健全で、長続きしないのだ。「新しい仕事に就いたばかりで成果を挙げる必要があるときは、失敗への恐怖心が強みになる場合もある。だが、それは燃え尽きを引き起こし、ストレスを強め、寿命を縮める要因になる」と、ベランジェは指摘している。[*注18] **モチベーションを高める手段として、失敗への恐怖心に長期間頼ろうとすれば、弊害が生まれるのである。**

ペンシルベニア州立大学保健・人間発達学部のデヴィッド・コンロイ教授は、モセアヌのように恐怖心をモチベーションの源にしていたアスリートについて調べた。[*注19] それによると、人にモチベーションをもたせる恐怖には主に5つのタイプがあるという。

1▼恥をかくことへの恐怖
2▼好ましい自己イメージを失うことへの恐怖
3▼不確かな未来への恐怖
4▼大切な人たちに関心をもたれなくなることへの恐怖
5▼大切な人たちの不興を買うことへの恐怖

コンロイの研究によれば、**これらの恐怖は差し当たり強力なモチベーションを生む場合もあるが、いずれも長続きしないことがわかった。**

頭の中が恐怖でいっぱいになった人は、あらゆるものを脅威と感じる。この状態になると、人の精神と肉体は生き延びるために手段を選ばなくなる。しかし、短期的には生き残り戦略として有効な行動も、長い目で見ればほぼ確実に激しい不安感を生む。なるほど、オリンピックでメダルを獲得したり、学校で優秀な成績を収めたり、上司に褒められて昇進できたりするなど、目標は達成できるかもしれない。問題は、その頃には消耗しきり、完全に燃え尽きてしまうことだ。人の精神と肉体が高度な警戒体制を持続できる期間には限りがある。どんなに冒険好きなハイキング愛好家でも、木の葉が揺れるたびに獰猛な熊が近づいているのではないかと脅えたくはないだろう。

では、**恐怖心を脱ぎ捨てると、どうなるか。自己満足に陥って向上心を失ったりはしない。むしろ、ますます限界に挑み、冒険し、真の自分を表現しはじめる。負けないためにではなく、勝つために行動するようになるのだ。**

心理学の言葉を使えば、これは予防思考と促進思考の違いだ。予防思考の人は、損失回避に全力を尽くす。すでにもっているものを守り、手堅い行動を取ろうとするのだ。場合によっては、こうした予防思考が好ましい結果を生むこともある。しかし、予防思考はたいてい自己実現の妨げになる。

それに対し、促進思考の持ち主は無難な道を歩まない。誰かに期待されている道、あるいは誰かに期待されていると自分で思い込んでいる道を歩むこともしない。建設的なリスクを恐れずに行動する。失敗が怖くないからだ。このような行動様式に転換すれば、画期的な成果を挙げる道が開ける。

恐怖心を脱ぎ捨てるためには、「みずからの知識とスキル、資質に自信をもち、成功するための能力が自分に備わっていると考え、改善と成長への飽くなき欲求をつねにいだく」ことが必要だと、人間の能力開発に詳しいジャーナリストのアシュリー・メリーマンは述べている。しかし、メリーマンも指摘するように、恐怖心を脱ぎ捨てることは簡単ではない。目標達成に近づいているときは、とりわけそれが難しい。「目標接近効果」がはたらくからだ。**「目標達成まであと一歩だと思うと、失敗したくないという気持ちがいっそう強まる」**のである。

この落とし穴にはまり、**ためらいと恐怖心がこみ上げてきたときは、自分が何を恐れているのかを自分に問いかけるとよい。**もし、それが失敗への恐怖だった場合は、思い出してほしい。失敗を避けるために最善の方法は、勝つために行動することなのだ。

数知れないトップアスリートや一流ビジネスパーソンにカウンセリングしてきたスタ

ン・ビーチャムも同様の見方をしている。人が人生で何を成し遂げるかは、その人物が恐怖心とどのようにつき合っているかに大きく左右されるというのだ。ビーチャムはこう書いている。「すべては恐怖心次第で決まる。恐怖心を打ち消せれば、勝利が手に入る。過去最高の年を経験できる。猛烈にトレーニングに励むようになる。学費を免除されて大学に進むことができる。大勢の前でスピーチし、講演料を受け取り、見知らぬ人たちから次々と声をかけられるようになる。要するに、**恐怖心が消えれば、充実した人生を生きられるのだ**[*注20]」

POINT

恐怖心は、短期的にはモチベーションを高める

行動への強力な原動力になる場合もある。

しかし、恐怖に突き動かされたモチベーションは長続きしない。

恐怖が原動力になっている情熱は、すぐに害を生みはじめる。

恐怖心を脱ぎ捨てれば、負けないためではなく、

勝つために行動するようになる。
そうすると、建設的なリスクを避けなくなり、
それがしばしば画期的な成果をもたらす。

恐怖心と無縁の人間はいない。
情熱を長続きさせ、高い成果を挙げ、幸福感をいだくうえでは、
恐怖心を克服できるかどうかがカギを握っている場合が多い。

本章では、「悪しき情熱」の2つの主なパターンを紹介した。長い目で見れば、どちらのパターンも、高い成果を挙げ、健康と幸福感を維持する妨げになる。

1▼報酬に突き動かされるパターン。外的な成果や評価に対する依存症状態に陥る。

2▼恐怖に突き動かされるパターン。他人や自分自身を失望させたくないと思い、失敗を回避するために行動する。

両方のパターンに共通するのは、ある活動をすることそのものに感じる喜び以外の要因により、情熱が突き動かされていることだ。そのようなケースでは、情熱はいとも簡単に*passio*に、つまり苦難に変わってしまう。

健全で生産的で持続可能な情熱と悪しき情熱の違いは、どのような動機でその活動を追求しているかと密接に関係しているのだ。それも、人が自分自身にどのように言い聞かせているかではなく、実際にどのように感じているかが重要だ。

とはいえ、**外的な結果を完全に無視しろとか、失敗への恐怖心をすべて捨てろというわけではない。**それは、そもそも不可能だ。遺伝的条件によほど恵まれていて、途方もないメンタルトレーニングを積み、信仰を長年いだき続けてでもいない限り、そんなことはできない。スポーツ選手なら誰でも、勝利を収めれば興奮する。物書きは誰でも、本が売れれば気分がよい。フェイスブックやツイッターのユーザーも、新しい「友達」やフォロワーが増えたり、「いいね」をもらえたりすれば、そのたびにぞくぞくせずにいられない。それに、他人の期待を裏切ることが怖くない人はいるかもしれないが、みずからに対する自分自身の期待を裏切ることへの恐怖心を心の奥底にもっていない人はいない。そのような感情は、誰もが少しはもっている。

重要なのは、そうした感情が湧いてきたときにしっかり自覚し、その感情に飲み込まれ

ないことだ。それが自分を突き動かす最大の要因にならないようにする必要がある。

あなたが作家なら、執筆するときは文章のことを考えよう。本の売れ行きのことばかり考えてはならない。ビジネスパーソンなら、職場では会社に貢献することを考える。昇進やボーナスのことを考えすぎてはならない。スポーツ選手は、試合や練習では自分のパフォーマンスを向上させることをいちばんに考えればよい。自分の肉体を飼いならすことを考える。表彰式や順位のことが最大の関心事になってはならない。

パートナーや子どもなど、愛する人と向き合うときは、自分たちの間に特別な関係をはぐくむことを考えればよい。パートナーや子どもを失うことへの恐怖が行動の理由だったり、ソーシャルメディアの「友達」に見せびらかすことが目的だったりしてはならない。**情熱は外からやって来るものではなく、内面から生まれるべきものなのだ。**

このような調和的情熱は、強迫的情熱よりはるかに望ましい。人がいだくべきなのは、この種の情熱だ。調和的情熱の持ち主は、長期にわたり高い成果を挙げ続け、活力が高まり、良好な健康状態を維持し、人生全般に満足できる。こうした情熱は、その人がいまという瞬間を生き、外的な欲求や恐怖心ではなく、対象への愛情に突き動かされて行動するときに生まれる。

残念ながら、調和的情熱は自然に生まれるものではないし、無造作にしていて維持できるものでもない。しかし、ある種の思考様式をいだき、いくらか意識的な努力をすれば、誰でもそのような情熱を獲得することは可能だ。

第5章

最高の情熱とは？

成功者だけが知っている

音楽でハーモニーが生まれるのは、複数の音が同時に発せられて、すべての音の調和が完全に取れているときだ。それを言葉で説明するのはほぼ不可能だが、ハーモニーのある音楽が奏でられればすぐにわかる。そのような音楽は、耳で「聞く」だけでなく、「感じる」ことができるからだ。ハーモニーのある音楽は、すべてがしっくりくる。あらゆる要素が完全に調和しているのだ。

情熱について考えたり、情熱を追求したりするときも、このようなハーモニー（調和）を感じられる場合がある。自分が情熱と良好な関係をもっていて、本来すべきことを正しい理由で実践できていると、言葉では表現できないレベルで直感的に感じ取れるときがあるのだ。

この場合、**その情熱は調和的情熱と呼べる。このタイプの情熱をいだけるのは、主として楽しいからという理由でものごとに没頭するときや、ほかの目的を達成する手段としてではなく、それ自体を目的に活動するときだ**★。それは、報酬を得たり、失敗を避けたりするためではなく、そうすることが楽しくて行動するときに生まれる情熱なのだ。

調和的情熱をもっていても、つねに心地よいとは限らない。しかし、調和的情熱をいだけば、総合的に見ればきわめて充実した経験ができる。その経験は、古代ギリシャ人が「エウダイモニア（幸福）」と呼んだものに近い。エウダイモニアとは、圧倒的な快楽が生む幸福感ではなく、有意義と思える活動に携わり、みずからの可能性を開花させていくプロセスが生む幸福感のことである。

１９７０年代には、心理学者のエーリッヒ・フロムが「生産的活動」という言葉を用いて、同様のことを述べている。フロムによれば、人の幸福感は、所有物や報酬よりも、「人生を充実させるプロセス」との関係が強いという。「自分の能力を開花させることがもたらす満足感はきわめて大きい。そのため、それにより何かを獲得できるかどうかといったことにはほとんど関心が向かない」[*注1]

外的な目標の達成は調和的情熱の主たる目的ではないが、ある活動を楽しもうとしてそれに没頭すると、副産物として外的な成果も得られる場合が多い。**成功が最大の関心事の人は、往々にして成功できない。結果についてあまり考えず、その活動に携わるプロセスに主たる関心をいだいている人のほうが成功できる可能性が高いのだ。**

音楽の美しいハーモニーがそうであるように、調和的情熱も魔法のようにひとりでに出現したりはしない。**調和的情熱をもちたければ、意識的に努力し、訓練を積む必要がある。**この点は、悪しき情熱を過度に奨励しがちな社会ではとりわけ重要だ。成果に強く固

★「調和的情熱」という言葉は、「強迫的情熱」とともに、前章で紹介した心理学者のロバート・ヴァレランドが考案したものだ。この２種類の情熱について、ヴァレランドは情熱の二元モデルという言葉で説明している。

執し、すぐに満足感を得ることを重んじる社会では、人は自己評価をくだすとき、ソーシャルメディアでの人気投票に振り回され、外的な成果と勝利にこだわりすぎる。最も好ましいタイプの情熱である調和的情熱をいだき、それを維持するためには、今日の社会の風潮とはまったく別の思考様式をはぐくむ必要があるのだ。

POINT

調和的情熱は、その活動そのものが楽しいという理由でいだく情熱である。

調和的情熱の持ち主は、健康で、幸福感が高く、成果も挙がり、人生全般に満足できる傾向がある。

調和的情熱は、ひとりでに生まれることはない。意識的にはぐくむ必要がある。

熟達思考を実践する

熟達を目指す思考様式の持ち主は、たえず自己改善と成長への道を歩み続ける。そのような人たちは、いまこの瞬間と人生全体を大切にするが、その中間に位置するものごと（特定の時点での成功や失敗）にはあまり関心を払わない。これをニューエイジ的な自己啓発の考え方と片づけるべきではない。その根底にある原則は、心理学や生物学の核を成す考え方にも通じるものがある。調和的情熱をもって生きている人たちがことごとく実践しているのが、この思考様式だ。

熟達思考の持ち主は、単に大きな成果を挙げるだけでなく、健康をそこなわずに、持続可能な形でそれを成し遂げる。そのような人物は、禅の実践者のような雰囲気を醸し出し、燃え尽き状態に陥りにくく、ほかに類のない業績を挙げることができる。そのような傑出した成果を残せるのは、その活動に対して強い愛をもっているからだ。しかし、熟達思考がもたらす最大の恩恵は、おそらくこれとは別の点にある。その恩恵とは、成長と発達を続け、充実した人生を送れることだ。

幸い、このような思考様式は、努力すれば誰でも身につけられる。以下では、熟達思考の6つの要素を紹介し、それぞれを実践するための方策を示したい。

1　内面から湧き上がる意欲をいだく

熟達思考の持ち主は、内面から湧き上がる意欲に突き動かされて行動する。モチベーションを生む最大の要因は、外的な成果を欲する気持ちや失敗への恐怖心ではない。それは、ほかの誰かを満足させたいという思いや、周囲の人たちに同調しなくてはならないとか、社会規範に従わなくてはならないという思いでもけっしてない。モチベーションの最大の源は、その活動に携わり、成長したいという内的な欲求だ。情熱を追いかける一日一日が胸躍り心地よいものとは限らない。それでも、**熟達思考の持ち主は、情熱を追求するプロセス全体に対して強い熱意をいだくのだ。**

ひとりの女子競泳選手を紹介しよう。この選手が毎回のトレーニングにいつも心ときめかせているとは考えにくい。また、彼女がオリンピックに熱い思いをいだいていることは間違いないが、それはモチベーションの最大の源ではない。それよりも、競泳選手として進歩すること全般が強力なモチベーションを生んでいる。肉体的・心理的な能力を高め、体の動かし方を磨き、自分の体と水の関係を高めたいと思っているのだ。金メダルを獲得したレースのあとも、ほかの選手たちが帰ってからひとりだけプールに入り、泳ぎの細部を調整する。金メダルに輝いた直後なのに、もっと上手くなるための努力を怠らないのである。

そんな競泳選手のエピソードに聞き覚えがあると思ったとすれば、おそらくあなたの思い違いではない。この選手の名前は、ケイティ・レデッキー。アメリカ代表として出場した２０１２年のロンドン五輪と16年のリオデジャネイロ五輪で合計5個の金メダルを獲得し、女性アスリートのメダル獲得数で史上屈指の存在になった。

報道によると、レデッキーは大学に進む前、少なくとも年間５００万ドルとも言われるスポンサー契約を断ったことがあるという（プロになってさらにスポットライトを浴びる機会も捨てたことになる）。アマチュア選手のままでいて、スタンフォード大学水泳チームの一員として大会に出場することを優先させたのだ。難しい決断だったかと尋ねられて、レデッキーはあっさりこう述べた。「いいえ、難しくなかった」[*注2]。大学の選手として泳ぎたいというのが自分の真の願いだとわかっていて、長い目で見て成長するためにはそのほうが好ましいと考えたのだ。

あなたは、レデッキーと共通点があるだろうか。水泳やそのほかの能力の話ではない。思考様式の話だ。**あなたは、主としてどこからモチベーションを得ているのか。**

見落としてはならないのは、「主として」という点だ。ロボットでない限り、ものごとに対する意欲の一部はどうしても、外的な成果を得たいという思いや失敗したくないという思いから生まれる。それは仕方がない。レデッキーも、オリンピックでメダルを獲得したいと強く思っていた。コーチやファン、そして自分自身の期待を裏切りたくないという思いもあったに違いない。

それでも、金メダルが欲しいとか、期待を裏切りたくないという以上に、競泳選手として成長したいという思いが強かった。そうでなければ、連戦連勝で圧倒的な成績を残したあとにトレーニングに励むことなどできないし、巨額のスポンサー契約を断って大学の水泳チームで泳ぐ選択もできないだろう。レデッキーは、モチベーションの大部分を内面から得ている。**ほかの人との比較ではなく、過去の自分と比べてどのくらい進歩したか、いま自分がどれくらい努力しているかが自己評価の基準になっている。これほど健全な競争はない。**

重要なことなのでもう一度繰り返そう。熟達思考の持ち主だって、オリンピックのメダルや著書の売り上げ、芸術作品の制作依頼、ベンチャーキャピタルからの出資などの外的要因がモチベーションにまったく影響しないわけではない。しかし、そうした要因はあくまでも脇役にすぎないのだ。

熟達思考は、ひとりでに生まれるものではない。意識的な選択と行動を通じて、自分の心の中で外的要因が大きな影響力をもちすぎないようにし、情熱がいつの間にか有害な*passio*に変わることを防ぐ必要がある。そのために最も有効な行動は、きわめてシンプルなものなのかもしれない。その行動とは、毎日欠かさず職場に赴き、仕事をすることだ。

やるべき仕事をすることは、成功と失敗を過大評価しないための特効薬になりうる。目を見張る大成功を収めたり、打ちのめされるような大失敗を経験したりしたあと、やるべき仕事に戻ることで、自分が外的な成果のためにその活動に取り組んでいるわけではないと改めて実感できる。活動に打ち込むのは、その活動が好きだからだったはず。技能を磨き続けるために、つまり熟達を目指して、その活動をしてきた。特定の到達目標のためではなく、つねに前進し続けるために目の前の課題に向き合っているのだ。粛々と日々の仕事をすることにより、それを再確認できる。

- あなたの著書がニューヨーク・タイムズ紙のベストセラーランキングに載った？　では、今日も原稿を書こう。そうすれば謙虚な姿勢を忘れずに済むし、自分にとって大切なのは執筆について語ることではなく、あくまでも文章を書くことだと思い出せる。新刊の売れ行きがさっぱりで、１００部も売れなかった？　では、今日も原稿を書こう。

そうすればモヤモヤが解消されるし、自分が本来すべきことに再び集中できる。

- あなたの起業プランが１００万ドルの出資を取りつけた？　では、事業計画の実行に着手し、ただちに顧客の獲得に乗り出そう。出資を取りつけられなかった？　では、起業プランを磨き直し、ほかの投資家に出資をはたらきかけよう。
- オリンピックの水泳競技で複数の金メダルを獲得した？　では、プールに入って泳ごう。オリンピックで期待に応えられなかった？　では、泳ごう。

生身の人間である以上、大きな成功のあとで激しい興奮を感じたり、手痛い失敗のあとで気落ちしたりすることは避けられない。**成功を喜び、失敗を悲しむのは構わない。しかし、それは24時間以内にとどめること。そのあとはただちに、やるべき仕事に戻るべきだ。**具体例をさらに２つ紹介しよう。この本の著者である私たち２人の例だ。

- ブラッドは自分の書いた文章が評価されたとき、うぬぼれの気持ちが湧く前に、自分を叱咤して次の原稿に取り掛かるようにしている。それにより、思い上がった気持ちに冷や水を浴びせられる。反響が冴えなかったときも同じ戦略で臨む。くよくよ考えず、次の原稿に着手する。そうすれば、自分が本当に好きなのは、執筆した文章が評価されることよりも、文章を書くことそのものなのだと再確認できる。このやり方には、外的な成功や失敗に伴う感情によってモチベーションが左右されないようにする効果がある。

- スティーブはスポーツ選手のコーチングをするとき、その選手の年齢に関係なく、24時間ルールを徹底している。試合のあと、成績について喜んだり、くよくよ考えたりする時間を24時間だけ与える。しかし、それ以降は現実に戻り、成長するために必要な努力をするよう促す。悪い成績だった場合は、いつもどおり練習に打ち込むことで、頭の中のマイナス思考を振り払える。一方、輝かしい成績を残せた場合は、うぬぼれて現状に満足する危険を排除できる。

大きな勝利とつらく苦い敗北には、少なくとも共通点がひとつある。その経験をしたあと、やるべき仕事に戻ることが難しいのだ。それを克服するよう努めなくてはならない。内面から湧き上がる意欲を維持するための強力な手立てとしては、やるべきことを物理的におこなうというアプローチのほかに、心理的なアプローチもある。**みずからの中核的価値観として、熟達思考を血肉化するのだ。**ある人がいだいている中核的価値観は、その人の考え方と感じ方、そして行動の内容を決める強固な指針になるからだ。ただし、それは口先だけのお題目ではなく、本気で実践している価値観でなくてはならない。

研究によれば、みずからの中核的価値観に思いを及ばせると、人はその価値観に従って行動するという。最近、米国科学アカデミー紀要に掲載された研究を紹介しよう。ペンシルベニア大学とミシガン大学の研究者はこの研究で、みずからの中核的価値観について集中して考えている最中の人たちの脳の画像検査をおこなった。すると予想どおり、「肯定的価値判断」に関わる脳の領域で神経の活動が活性化していた。つまり、中核的価値観について考えると、文字どおり脳の状態を生産的な方向に変えられるのだ。その効果は脳内にとどまらない。実験参加者は、実生活でも試練を乗り越えることができた。[*注3]

この研究結果の意味するところは、いたって明白だ。**大きな成功や惨めな失敗を経験したときは、その出来事に対する自分の反応（湧いてきた感情と、その感情の表現の仕方）が熟達思考と矛盾していないかを考えたほうがよい。**そうすれば、成功や失敗に伴う強烈な感情によってモチベーションに関わる脳の領域が乗っ取られることを防ぎ、熟達思考を取り戻せる。このような内省を短い時間でもおこなうことにより、一時の感情に押し流されて強迫的情熱をいだくことが避けられる。

内面から湧き上がる意欲をいだき続けるためには、それなりの努力が必要だ。やるべき仕事にすぐ戻り、みずからの中核的価値観として熟達思考を貫かなければ、外的なモチベーション要因が心の中に入り込み、しまいにはそうした要素に心を支配されてしまう。

それは避けなくてはならない。オーストリアの詩人リルケも著書『若き詩人への手紙』で、外的なモチベーション要因への依存を避けるよう説いている。「あなたは、自分の詩の出来栄えを他人に尋ねる。これまでほかの人たちにも尋ねてきた。雑誌に詩を投稿したり、自分の詩をほかの詩人の作品と比較したりもする。もし編集者に拒絶されれば気持ちが沈む……こうしたことは、すべて終わりにしよう。このように自分の外側にある要素に目を向けているのは、何よりも避けるべきことだ……進むべき道はひとつしかない。それは自分の内面に目を向けることだ[*注4]」。要するに、内発的なモチベーションをはぐくむべきだというのである。

もうひとつ見落とせないのは、モチベーションのいだき方が人にきわめて大きな影響を及ぼすこと、そして、そのパターンがまだ幼いときに形づくられはじめるという点だ。もしあなたがなんらかの形で幼い子どもと関わる機会があるなら、子どもがみずからの関心を追求するよう促し、才能を開花させる後押しをしよう。過度のプレッシャーをかけたり、成功した場合のご褒美と失敗した場合の罰を強調しすぎたりしてはならない。

子どもが熟達思考をはぐくめるか否かは、周囲の大人の行動に影響される。ところが、外的な指標や結果を自己評価の基準にするよう教える親や教師やコーチが非常に多い。これは逆効果だ。
テニスコーチのティモシー・ガルウェイによる古典的著作『新インナーゲーム』（邦訳・日刊スポーツ出版社）も、次のように記している。「このような自己評価の仕方を教えられて育った子どもはたいてい、大人になったとき、成功への衝動に突き動かされて行動するようになる。その衝動が人生のほかの要素を覆い尽くしてしまう。それによってもたらされる悲劇は、望んでいたとおりの成功を得られないことではない。そうした行動によって愛や自尊心を獲得できると思い込んでいたのに、それが手に入らないことだ[*注5]」

POINT

内面から湧き上がるモチベーションを維持するために努力しよう。

- 24時間ルールを徹底する。成功や失敗を経験したあと、24時間は喜んだり悲しんだりしてもよい。しかし、そのあとはやるべき仕事に戻る。そうすることにより、外的なモチベーション要因が内的なモチベーション要因より大きな存在になることを防げる。
- 内発的なモチベーションをもつことをみずからの中核的価値観とする。失敗や成功や外的な評価に関して感情的になりすぎていると感じたときは、いったん頭を冷やして、その活動でいちばん好きな点は何かと考えてみるとよい。内発的なモチベーションは、外発的なモチベーションより健全で持続可能性が高いことを再確認すべきだ。

あなたが親やコーチやマネジャーや教師なら、子どもや部下などが、外的なモチベーション要因よりも内的なモチベーション要因をいだくよう促したほうがよい。

2　結果よりもプロセス

２０１６年7月、オレゴン州ユージーンで開かれた陸上競技の全米選手権。この大会は同年のリオデジャネイロ五輪代表選考会も兼ねていた。オリンピック初出場を目指す28歳の女子陸上選手ブレンダ・マルティネスは、最も得意な８００メートル競走で勝利をほぼ手中に収めたかに見えた。この種目のオリンピック出場枠は３人。このままいけば出場権を獲得できる……はずだった。しかし、残り100メートルを切ったあと、つまずいたランナーと接触し、バランスを崩してしまった。どうにか体勢を立て直したときには数人に追い抜かれていて、もはや挽回不能。あまりに痛々しい光景だった。

取り乱し、落胆しても不思議ではなかった。なにしろ、不運と言うほかない出来事が原因で、いちばんの得意種目でオリンピック出場という目標を逃したのだ。しかし、マルティネスは強い意志をもっていた。自分を憐れむことなく、すでに数日後の1500メートルのレースに向けた準備に気持ちを集中させていると、早くもレース直後に報道陣に語っていた。1500メートルは、800メートルの次に得意な種目だ。「陸上トラックは選手の気持ちなんて考えてくれない」と、マルティネスは語った。「前に進むしかない」

マルティネスは、その言葉どおりの行動を取った。1週間も経たずに臨んだ1500メートル決勝。オリンピック予選で走るレースは、これが6つ目だった。マルティネスは倒れ込むようにしてゴールし、辛うじて3位――4位の選手とはわずか0・03秒差の僅差だった――を確保した。これにより、この種目でのリオデジャネイロ五輪出場権を獲得できた。とくに目を見張るべきなのは、本命の800メートルで思わぬ出来事に巻き込まれていなければ出場しなかったはずのレースで、これを成し遂げたということだ。

このような状況に置かれれば、集中力を失い、くよくよ考え続けるという悪循環に陥っても無理はなかった。下手をすれば、鬱状態や燃え尽き状態になっていた可能性もあった。オリンピック出場をかけた大舞台で、自分の責任ではない出来事により、期待していた結果を得られなければ、誰だって悪しき情熱が湧き上がってきそうなものだ。

　しかし、一連の出来事があった直後にブラッドがおこなったニューヨーク誌のインタビューによれば、そうはならなかった。それまで10年間の陸上競技人生では、挫折も経験したし、誤った目標を設定したり、絶体絶命のピンチに追い込まれたりしたこともあったが、ひとつの思考様式を貫くことによりオリンピック予選への出場までこぎつけた。その思考様式のおかげで、オリンピック出場権も獲得できたというのだ。

「800メートルで起きたことはすぐに忘れて、いつもどおりの行動に徹した。次のレースがうまくいく可能性を最大限高めるために、いまできる細々したことに意識を集中させたのです」とのことだった[*注6]。マルティネスは、オリンピック代表に選ばれるという目標の奴隷になっていなかった。あくまでもプロセスに意識を集中させていたのだ。

　ここでマルティネスのストーリーを紹介したのは、大きな目標を定めることやそうした目標に向けて努力することを否定するためではない。**目標は、人間にとって操舵システムのようなもの。言ってみれば、針路を決める手掛かりとなる北極星だ。目標をそのような性格のものと考えて行動すれば、目標の有用性はきわめて大きい。**

ここまで読んできた読者ならお気づきのように、問題は、特定の目標に集中しすぎると、ほぼ例外なく害のほうが大きいことだ。レースに勝つことなど、自分が全面的にコントロールできないことを目標にした場合は、この問題がとりわけ深刻になる。その点、**熟達思考の持ち主は、特定のひとつの目標を達成することではなく、長期にわたり自分を成長させ続けるために最も有効なプロセスを実践することに関心が向く。自己評価の基準も、特定の目標を達成できたかどうかではなく、どのくらいそのプロセスを実行できたかになる。**人が自分でコントロールできるのは、取り組みの結果ではなくプロセスだからだ。

　プロセスに関心を払っていれば、目標をいくつかに分割し、そのそれぞれの部分に意識を集中させられる。これは、目の前のことに集中するためにきわめて有効な方法だ。遠くの目標を追求していたり、逆境や失敗にぶち当たっていたりしても、いますべきことに集中できる。マルティネスは、８００メートルでの不運を嘆くのではなく、次の１５００メートルでよい走りができる確率を最大限高めるために、適切な食事と睡眠をとり、マッサージを受け、トレーニングをするよう努めた。オリンピック出場による外的評価に執着しすぎず、自分のベストを尽くすというプロセスに意識を集中させたのだ。

　オリンピックのような大きなイベントに向けて長く険しい道を歩む間、調和的情熱を維持し続けるためには、このような思考様式が不可欠だ。そうした思考様式をもつことは、絵画を描き上げることや昇進を勝ち取ること、誰かと親密な関係を築くことなど、ほぼあらゆるタイプの情熱の追求で効果がある。

まず、目標を定めること。ただし、終着点を決めるのではなく、進むべき方向を定めるつもりでいるべきだ。次に、その目標に近づくために、どのようなステップを経る必要があるかを洗い出す。ひとつひとつのステップは、それを達成できるかどうかを自分でコントロールできるものでなくてはならない。達成すべきステップを明らかにしたあとは、目標を（ほとんど）忘れて、目の前のステップを達成することに集中すればよい。

プロセスに集中すれば、日々、小さな勝利をつかむ機会が得られる。そうした小さな勝利のひとつひとつが熟達への道の道路標識の役割を果たし、モチベーションを長く維持する助けになる。その理由は、有力科学誌のネイチャーに載った論文など、多くの研究によって明らかにされている。[*注7・8]

実験によれば、マウスが遠くの目標にいたる途中の小さな目標を達成すると――たとえば、迷路の出口を目指す途中で正しい曲がり角を曲がるなど――その都度、脳内でドーパミンが放出される。ドーパミンは、前述したようにモチベーションとやる気に関係した神経伝達物質だ。ドーパミンが放出されなければ、マウスはやる気を失い、目標の追求を途中でやめてしまう。

同様の実験を人間で再現することは安全性の面で不可能だが、科学者たちは人間もマウスと同じような反応を示すと推測している。つまり、**プロセスに意識を集中させることにより、前進が促される。そして、少しずつ前進する経験が人の神経科学的なメカニズムの奥底に作用し、努力の継続を促す。**

プロセスに意識を集中させることの利点はほかにもある。それは、モチベーションを維持しやすくなること以上に大きな恩恵かもしれない。その利点とは、自分でコントロールできない出来事（たとえば、オリンピックの出場権がかかったレースで転びそうになることなど）に自己評価を左右されなくなることだ。それにより、悪しき情熱を遠ざけることができる。

また、プロセスに集中すると、自分が努力していることを実感でき、内面から充実感が湧いてくる。そうした独特の自信と満足感は、誰によっても奪われることがない。プロセスに集中する人は、「人事を尽くして天命を待つ」という心境に到達する。

長期間にわたり情熱を追求していれば、成功するときも失敗するときもあるが、熟達への道には終わりがない。プロセスに意識を集中させることにより、その道を歩む間、心をかき乱されず、つねに落ち着きを保ち、モチベーションをいだき続けられる。**特定の目標を達成できたかどうかに関心を奪われすぎないようにしよう。それよりも、目標に近づくうえで最も有効なプロセスをどのくらい実践できたかを考えたほうがよい。**目標とは終着点を定めるものではなく、進むべき方向を示すものだと覚えておこう。プロセスに注意を払うことで、人は目標に向けた旅を続けられる。

POINT

ものごとの結果よりも、プロセスに注意を向けたほうがよい。

目標を設定するのは悪いことではないが、それを達成することばかり考えてはならない。目標に到達するために必要なステップに意識を集中させよう。

それぞれのステップは、達成できるかどうかを自分でコントロールできるものでなくてはならない。

目標とは、進むべき方向を指し示すものと考えるべきだ。それを終着点と考えて、成功か失敗かという結果にこだわりすぎてはならない。

目標に向けて進む過程では、小さな勝利を祝福することが有効だ。それにより、遠くの目標を追求する間、モチベーションを維持できる。

目標に向けてつねに歩み続けるという発想を全面的に受け入れれば、目標を達成したとき、心地よく、自信を感じ、満足感を味わえる可能性が高まる。

3　順位よりも成長

ここまで述べてきたように、熟達思考を血肉化して調和的情熱をいだくためには、特定の達成目標に固執しすぎず、成長という究極の目標を追求する姿勢が重要だ。成長を最大の目標と位置づければ、個々の成功や失敗は一時的なものにすぎないと思える。時間をかけ、訓練を積めば、永遠に成長を続けられるとわかっているからだ。

熟達思考の持ち主は、ある特定の時点での状態ではなく、成長に向けて歩み続けるプロセス全体に照らして自分という人間を定義する。そのような人にとって、情熱の追求は、特定の目標を達成する手段ではなく、自分という人間の一部なのだ。それは、本をたくさん売るために執筆すること、マラソン大会で勝つために走ること、肖像画を売るために絵を描くことと、みずからの人生の重要な要素として文章を書くこと、走ること、絵を描くことの違いだ。

これは、情熱の追求を「動詞」（自分が取る行動）から「名詞」（自分という人間の本質）へ転換することと言ってもよい。この転換を遂げた人は、生涯にわたり調和的情熱をいだきやすい。もちろん、挫折したり、失望を味わったり、逆に勝利を手にしたりすることはある。しかし、個々の成功や失敗は終着点ではなく、長期的に自分を成長させていくプロセスで有効な情報をもたらす。自分がどのくらい前進しているかを把握し、自分の弱点を明らかにする材料になるのだ。

皮肉なことに、熟達思考は、好ましい結果が得られないときにとりわけ効果を発揮する。この発想の持ち主は、外的な成果を達成することよりも、情熱との関わり方を進化させることを重んじるからだ。**ひときわ強い情熱の持ち主のなかには、成長とは、より強く、より優しく、より聡明になることだと考えている人も多い。**成長するとは、情熱の追求を通じて自分という人間を変容させることなのだ。このような発想に転換することは、年齢を重ねて体力が減退し、場合によっては認知能力も弱まるにつれて、ことのほか重要になる。

- 若い頃、文章を書くのが速く、著書をたくさん売ることを主たる目標に本を書いていた人は、高齢になると執筆をやめてしまう場合が多い。それと異なり、書くことが自分の人生の一部になっている人は、長く書き続け、新しく得た知恵や発見を著作に織り込む。この人たちにとって、本当の意味での失敗とはペンを置くことなのである。
- 若い頃、もっぱらレースに勝つために走っていた人は、高齢になると走ることをやめ、代わりに趣味でテニスのダブルスや水中エアロビクスを始めたりする。しかし、走ることが人生の一部になっている人は、ずっと走り続ける。マラソンの完走時間は縮まらなくなり、その走りはランニングというよりジョギングやウォーキングに近くなるかもしれないが、走ることとの関わり方は進化し続ける。どんなにスピードが遅くなっても、トレーニングを続ける限り、走ることをやめてしまうよりは速い。そして、そのこと自体が大きな勝利と感じられるのだ。

要するに、成長を目標にする人は、生涯にわたり情熱をいだき続けられる。この場合、情熱の追求は、あなたが取る行動ではなく、あなたという人間の一部になるのだ。こうした情熱の持ち主は、どんなに深刻な失敗やどんなに目覚ましい成功を経験しても、そして、どんなに時間が経過しても、情熱が揺らがない。

あなたの情熱の対象がなんであれ、いま自分がどのような目標を目指しているかを点検してみるとよい。もし、それが具体的な成果や勝敗に関わるものだった場合は、熟達思考に転換して目標を修正しよう。成長することを究極の目標にするべきだ。過去の自分より強く、優しく、聡明になることを目指す必要がある。この思考様式を維持できれば、自分が思いつく目標はいつかすべて達成できる。それどころか、思いつきもしなかった成果も手にできる可能性がある。

POINT

成長することを究極の目標にするべきである。見てわかる成果を高めることだけが成長ではない。特定の時点での成果より、改善を続けることに重きを置こう。

それにより、成功したときも失敗したときも調和的情熱をいだき続けやすくなる。

勝敗よりも、成長すること、言い換えれば過去の自分より強く、優しく、聡明になることを目指すべきだ。

4　失敗を受け入れる

肉体的なトレーニングを成功させるための有名な鉄則がある。筋肉を強化したければ、通常の限界を超えるまで筋肉に負担をかける必要があるというのだ。それ以上は不可能、もしくは困難というところまで、トレーニングを反復する。エクササイズに関する科学では、「筋疲労」の状態をつくり出すという言葉で説明されている。この方法が効果的なのは、筋肉の疲労（さらには筋肉の損傷）によりシグナルが発せられ、将来の試練に対処するために筋肉を成長させるべきだと体が理解するからだ。

こうした筋肉のダメージを経験すると、あなたの体は、みずからを変える必要があることを知る。その結果、いくつもの変化が連続的に起きて成長が実現し、次にもっと手ごわい試練に直面したときに対処できるようになる。裏返して言えば、あなたの筋肉は、激しいダメージを経験しなければ成長できないのである。同様の原則が当てはまるのは、筋肉の成長に関してだけではない。

人材開発研究者のデーヴ・コリンズとオンヤ・マクナマラ、ニール・マッカーシーはフロンティアズ・イン・サイコロジー誌に発表した論文で、子どもの頃に世界トップクラスだったスポーツ選手のなかに、大人になってもトップクラスであり続ける人と、月並みの選手になってしまう人がいる理由を検討した。この論文では、前者を「スーパー・チャンピオン」、後者を（気の毒な表現だが）「あと一歩でチャンピオン」と呼んでいる。研究によれば、両者の違いを生む要因の少なくとも一部は、逆境への向き合い方にあるようだ。

一流のスポーツ選手は、試練に立ち向かい、粘り強く努力する。それに対し、一流になりそこねた選手は、試練にさらされると失速し、退歩してしまう。**スーパー・チャンピオンは「試練に直面すると半ば熱狂的な反応を示す」**と、この論文では記している。

スーパー・チャンピオンは試練にぶつかると、それを成長の機会と受け止め、「けっして現状に満足しない」姿勢を貫き、失敗を乗り越えていく。もっと成長したい、自分にどこまで可能なのか見てみたい、自分の限界がどこにあるのかを知りたいと思っている。それと異なり、あと一歩でチャンピオンになれなかった選手は、挫折の理由が外的要因にあると考え、前向きな気持ちをもてなくなり、モチベーションを失う。どちらのタイプの選手も、同様の試練にぶつかっていたが、それに向き合う態度が大きく違ったのだ。[*注9]

この論文に限らず、**逆境でつまずいた経験の持ち主のほうがその後に努力を重ね、将来に成功する可能性が高い、という心理学の研究は多い。**ビジネスの世界でも、挫折を経験した人を採用して、重要なプロジェクトを任せる企業が増えている。

アマゾンが最近乗り出した新事業に、生鮮食品宅配サービスの「アマゾンフレッシュ」がある。この事業を運営させるために、アマゾンは同様の生鮮食品宅配サービスである「ウェブバン」の幹部だった人たちを雇った。ウェブバンはこの種のビジネスの先駆けだったが、2001年に破綻していた。アマゾンのジェフ・ベゾスCEOは株主宛ての書簡でこう書いている。「失敗はイノベーションに不可欠な要素である」[*注10]

失敗は、学習の素材になるだけではない。**熟達への過程では失敗が避けて通れないことを理解し、失敗を前向きに受け止めれば、人は失敗の経験を通じて強くなれる。**このような道を歩めるかどうかは、どのくらい失敗を血肉化できるかで決まる面が大きい。あなたは失敗したとき、その原因が自分でどうにかできたかもしれない要素だったと考えるだろうか。それとも、自分にはどうしようもない不運のせいだったと考えたり、自分という人間に問題があった――つまり自分には十分な能力がなく、今後もその能力をもてそうにない――と考えたりするだろうか。

人は往々にして、自分の能力不足が失敗の原因だと考える。そのため、失敗を恐れ、手ごわい課題に挑むこと自体を避けてしまう。これは、人がごく幼い時期に身につける性質だ。さまざまな研究によると、失敗を恐れる学生は、形勢が悪くなるとその活動をやめてしまう傾向が見られる。[*注11] それに対し、熟達への意識が強い学生は、頑張って前に進もうとし、新しい問題解決策を探す。

失敗への恐怖心を捨て去る出発点は、自我を外的な成果から切り離すことだ。それができていないと、失敗したとき、自分という人間の価値が揺らいでしまう。その結果、自己防衛モードになり、他人を責めたり、難しい課題に取り組まなくなったり、もっとひどい場合は不正に手を染めたりする。こうして悪しき情熱に支配されていくビジネス界やスポーツ界の有名人があとを絶たない。この点は、別の章で述べたとおりだ。

それに対し、**自我を外的な成果と切り離せれば、失敗の経験から有益な情報を引き出し、それを成長につなげられる可能性が出てくる。**うっかりすると、外的なモチベーション要因と同様に、自我も思考に影響を及ぼす場合がある。そこで、熟達思考を徹底することにより、自我の影響を遠ざける必要がある。

失敗への恐怖心を捨てるといっても、わざと失敗しろと言うわけではない。しかし、失敗を恐れなくなれば、手ごわい試練に思い切って挑み、自分の限界を押し広げられる。その挑戦は、成功する場合もあれば、失敗する場合もある。そのどちらの結果になるとしても、それは熟達への道を歩み続けるうえで不可欠なものだ。

最初の試みで完璧な成功を収めて熟達の極みに到達できる人などいない。何度も失敗し、そのたびに重要な教訓を学び続けることによってはじめて、熟達を成し遂げられる。目標を到達点ではなく、進むべき方向を示すものと考えれば、失敗も受け入れられる。そして、失敗するたびに、成長し続けるために有益な知識が増えていく。いまは失敗に思えることも、いつか成功するために不可欠な経験である場合が多い。東洋の古いことわざに、「師になれるのは、教え子が挑戦した回数よりたくさんの失敗を経験した人物である」というものがある。このことわざを誰もが肝に銘じるべきだ。

POINT

スーパー・チャンピオンの思考様式を実践することが重要だ。

- 失敗しても、過度に落胆したり失望したりしてはならない。
- それよりも、失敗を前向きにとらえたほうがよい。失敗から重要な情報が得られて、どこを改善すべきかが見えてくることもある。

いま失敗に思えることも、いつか成功するために不可欠な経験である場合が多い。

5　忍耐力をはぐくむ

いくつかのシンプルな真実を指摘しよう。

- 熟達への道は、ほぼ例外なく険しい。その道を歩むには、多くの時間と不屈の精神が必要とされる。
- 長い道のりを歩めば、どうしても途中で退屈を感じるときがある。
- 人は、目新しいものや刺激の強いものに魅了される性質がある。「手っ取り早い解決策」

や「ライフハック」の類いが魅力的に感じられるのはそのためだ。しかし、そのようなアプローチがうまくいくケースは、まったくないとは言わないまでも、めったにない。

- 熟達への道を歩み続け、みずからの能力を最大限引き出し、生涯にわたって情熱を維持するためには、忍耐力が不可欠だ。

しかし、忍耐力は、誰もがもっているわけではない。むしろ今日の世界では、**忍耐力の持ち主は非常に少ない。そうした能力は、価値あるスキル、言い換えればライバルに差をつけられる強みと言えるかもしれない。**

人々がどのくらい自覚しているかはともかく、テクノロジーの進化により、人間の忍耐力は弱まり、すぐに満足感が得られなければ気が済まなくなった。欲しいものがいつでも手に入ることが当たり前の時代がやって来たのだ。グーグルで検索すれば、あまり関心をもつ人がいないような疑問の答えも簡単にわかる。インターネット電話のスカイプを使えば遠くの人とも話せるし、オンライン・マッチングサービスのティンダーの会員になればデートの相手まで見つけられる。

この種のテクノロジーは、いわば世界の距離を縮めた。その点は素晴らしいが、弊害も見過ごせない。人々の集中力が長続きせず、変化しない状況を辛抱できなくなった。何も起きていないように感じられる時間や状況に耐える能力が弱まっているのだ。最近の研究によると、携帯端末をもたずに数分間ひとりで座って過ごすくらいなら、電気ショックを与えられたほうがましだと思う人が多いらしい。[*注12]

忍耐力の減退は、由々しき傾向と言わざるをえない。合気道の達人だった故ジョージ・レナードの言葉を借りれば、**「何か重要なことを学び、自分を永続的に変えたいなら、成長が停滞した状態でほとんどの時期を過ごすことを受け入れなくてはならない」[*注13]からだ。**そうした姿勢をもてるかどうかは、その人が調和的情熱と強迫的情熱のどちらをいだいているかと密接に関係している。前出の心理学者ロバート・ヴァレランドが「強迫的情熱」という言葉を考案するずっと前に、レナードは、強迫型の人間がもつ弱点を指摘していた。そのような人たちは、熟達に必要な忍耐力と粘り強さが足りないというのだ。

強迫型の人間は、勝利至上主義の傾向がある。二番手ではけっして満足できない。重要なのは結果だと思っていて、早く目標を達成するために手段を選ぶべきではないと考える。このタイプの人たちは、初回のレッスンでいきなり正しいやり方を覚えようとする。早くも最初のクラスのあと、講師にこう尋ねる――短期間で上達するためには、どんな教材を買えばよいのか、と。

このような人たちは、たいてい目覚ましいスタートを切る。自分で期待したようなスタートダッシュに成功するのだ。しかし、そのうちに後退や停滞の時期がかならずやって来る。すると、その状況を受け入れられず、ますます頑張る。容赦なく自分を追い込むのである。度を越さないようにという上司や同僚の助言も聞き入れない。オフィスで徹夜するなど、早期に成果を挙げるための近道を選びたいという誘惑に負けてしまう。

　強迫型の人間が望むのは、たとえて言えば、ロケットの猛スピードでの急上昇に、威勢のよいＢＧＭ、そして遠くの星に向けた壮大な宇宙旅行のような世界に生きることだ。活動の勢いが失われても、ほかのことに目を向けようとはしない。あらゆる手段を講じて、宇宙船を前進させ続けようとする。前進が止まった状態で成長すべき段階があることを理解できないのだ……なんらかの方法により、短期間なら猛スピードでの急上昇を持続できるが、そのあとは急降下に見舞われる。この不安定な旅程の先には、かならず大転落が待っている。そのときには、傷を負う可能性が高い。本人だけでなく、友人や同僚、株主、恋人も傷を負う[＊注14・15]。

ヴァレランドとレナードの主張はよく似ている。熟達思考の構成要素として本章で論じてきたこと――内面から湧き上がる意欲をいだく、結果よりもプロセスを重んじる、順位よりも成長を目指す、失敗を受け入れる――は、いずれも忍耐力がなければ実践できない。**忍耐力をもつことは、すべての土台を成す基本原則なのだ。この条件が満たされてはじめて、熟達思考が可能になり、調和的情熱への道も開ける。**忍耐できなければ、せっかく調和的情熱をもっていても、たちまち強迫的情熱に変容してしまう。否定的な思い込みに陥り、害悪や痛みや苦しみを招くのだ。

　忍耐と粘り強い行動の重要性を指摘するだけなら簡単だが、それを実践するのはかならずしも簡単ではない。前述したように、忍耐力は、人が生まれつきもっている才能ではない。身につけるべきスキルだ。その点、ブレット・バーソロミューは、多くの人の忍耐力をはぐくんできた豊富な経験をもっている。トレーニングとコンディショニングのコーチとして名高く、ＮＦＬ（アメリカンフットボール）のオールスター選手や、ＵＦＣ（総合格闘技）のチャンピオンなど、世界屈指のアスリートたちを指導してきたのだ。

　バーソロミューの指導を受けるような選手は、ほぼ全員が途方もなく強力な情熱の持ち主だ。そうでなければ、トップレベルに近づくことなどできない。問題は、すでに世界トップクラスに到達している選手をさらに成長させることが簡単ではないという点だ。わずかに進歩することさえ難しい。「優秀なアスリート」と「傑出したアスリート」と「史上最高のアスリート」をわけるのは紙一重の差だが、その差を埋めるためには長い時間がかかる。

　長くトレーニングを続けていれば、選手の忍耐心と自己規律が萎えるときもある。禁止薬物が手に入りやすく、不注意なトレーニングでけがをするリスクもあるスポーツ界では、非常に危うい状況だ。バーソロミューはそのようなとき、競技に打ち込む目的を思い返すよう促す。これは素晴らしいアプローチだ。私たちもすべての人に勧めている。手軽に実行できる点も好ましい。**なぜその活動に力を注ぐのかをあらためて自問するだけでよい。**目的を再確認することの重要性には、科学的な裏づけもある。みずからの中核的価値観を再確認する場合と同様、熟達思考を強化し、挑戦が長続きする可能性を高められる。

　目的を見つめ直した結果、情熱が外的な評価や失敗への恐怖心と結びついているとわかった場合は、目的自体を真剣に考え直したほうがよい。しかし、熟達思考を実践していて、成長と学習を、そして「よりよい人間」になることを目指して情熱を追求しているなら、自分の目的をときおり思い出すことは、活動を続ける意義を見失わないためにきわめて有効だ。活動に飽きはじめたときや、自分が伸び悩んでいるように感じられるときは、とくにこの作業が大きな効果をもつ。

目的を再確認することには、モチベーションを向上させる以外の利点もある。失敗に激しく動揺し、安易な近道を選んだり、活動をやめたりしたいという衝動をいだいたとき、その衝動を行動に移す前に頭を冷やせるのだ。目的を思い出すことにより、スポーツや彫刻、思想の追究、人との関係など、長年にわたり大切にしてきた活動の価値を再認識し、誘惑に屈してはならないと思うことができる。

POINT

忍耐力は才能というより、時間をかけてはぐくむべきスキルだ。
熟達思考を実践し、調和的情熱をもつには、忍耐力が欠かせない。
単に優秀というレベルの人と傑出している人の違い、
そして調和的情熱と強迫的情熱の違いをわけるのは、
不振や停滞の時期にも道をそれずに歩み続ける能力なのだ。
忍耐力をいだき続けるためにきわめて有効な方法のひとつは、
みずからの活動の目的、言い換えれば

活動の土台にある大きな「理由」を再確認するというものだ。そうすることにより、そもそもその活動を続けてきた理由を思い出し、悪しき衝動を行動に移す前に頭を冷やすことができる。

6　目の前のことに集中する

近所のレンガ塀をじっと見つめたり、塗りたてのペンキが乾くまで見守ったりする――そんな行動を楽しく感じる人はまずいない。というより、退屈でたまらないだろう。しかし、思想家のロバート・パーシグの考えは違う。パーシグは１９７４年の著書『禅とオートバイ修理技術』（邦訳・ハヤカワ文庫）で、**どんなことであれ、ものごとに集中することには大きな効果がある**と述べている。その点では、たいていの人が退屈と感じるような行動も例外ではないという。

この本でパーシグは、ある教え子のエピソードを紹介している。その女子大学生は最初、アメリカについてのレポート課題を与えられたが、レポートを書けず、しょげ返っていた。そこでパーシグは、テーマを絞って地元の町（モンタナ州のボーズマンという町だった）について書くよう助言した。ところが、数週間経っても学生はまったく書けない。あなたが書けないのは、しっかり観察していないこと、十分な注意を払っていないことが原因だ――パーシグは学生にそう指摘した。「あなたは観察ができていない！　ボーズマンの目抜き通りに建つ、ある建物の正面だけを見てみよう。オペラハウスだ。その正面左上にあるレンガを観察してみよう」

学生はその足でオペラハウスに向かい、正面左上のレンガを凝視した。すると、驚いたことに、言葉が流れ出てきた。たちまち、課題の５００語どころか、５０００語ものレポートを書き上げた。すべては、オペラハウスのレンガに注意を払うことから始まったのだ。

パーシグはこう述べている。「ボーズマンについて何を書けばよいか思いつけなかったのは、この町に関して聞かされていたことのなかで、わざわざレポートに書くほどの内容を思い出せなかったからだ。それまで何が論じられてきたかにとらわれず、自分の新鮮な目で観察すればよいのに、奇妙なことに学生はそのことに気づいていなかった。ひとつのレンガに対象を絞り込むことによりレポートが書けたのは、もはや自分の視点で直接観察する以外にないことが明らかだったからだ」[*注16]。パーシグが思うに、ものごとに深く関わることこそ、ものごとをはっきり理解し、みずからの可能性を開花させるカギを握る要素なのだ。

いま取り組んでいることに意識を集中させていれば、その活動の意義を見失うことはなく、その取り組みで自分が果たしている役割も認識できる。ところが、ほとんどの時間、人はいわば自動運転状態で過ごしている。どこに、どのように注意を向けるかを意識的に選択していないのだ。

情熱を維持するためには、注意力を奪う材料を取り除き、頭の中を埋め尽くす無意識の雑念を断ち切らなくてはならない。具体的には、**情熱の追求に集中できる時間と空間とエネルギーを押さえる必要がある。**一日中、その活動だけしていろとまでは言わないが、そのための時間を優先的に確保し、ぜったい譲れないものと位置づけよう。

ひとつのレンガをずっと見つめ続けるなんて退屈そうだと思うかもしれないが、そのレンガに強い関心をもてば、夢中になれる場合もある。このような主張をしている思想家は、パーシグだけではない。オートバイ整備士で作家のマシュー・クロフォードは、「ある活動に喜びを感じるためには、その活動に没頭しなくてはならない。どんなに些細なことでも、その活動のなかの有意義と思える要素に、脇目も振らずに、そして熱心に向き合うべきだ[*注17]」と言う。

哲学者のアラン・ド・ボトンもこう書いている。「充実したアートを生む可能性は、あらゆるものにある。石鹸の広告だって、哲学者パスカルの主著『パンセ』と同じくらい価値ある発見を生む場合がある」[*注18]

ものごとに集中して取り組む姿勢は、調和的情熱を燃やすための燃料のようなものだ。そんなことは言われるまでもないと思ったかもしれないが、あらためて考えてみてほしい。あなたは、どれだけの活動に対して完全に集中しているだろうか。昔は、森の中で散歩やジョギングをしたり、生まれたばかりの赤ちゃんを抱いたり、医師が患者に向き合ったりするとき、人は必然的にその瞬間の活動に集中していた。今日は、その時間がしばしばデジタル機器に侵食されている。

　デジタル機器は、たえず人の関心を新しいものごとに引きつける。その結果、人々はいつも忙しく感じ、目の前のことに集中しているような幻想をいだく。しかし実際には、自動運転状態で行動し、そのとき自分の関心をとらえるものごとに振り回されているにすぎない。いまこの瞬間に集中しているように見えて、ほかのことに意識が向いているのだ。

　いまこの瞬間に集中することの重要性を説くのは、哲学者と、その（ときとして）難解な思想だけではない。科学的な研究でも、何に注意を向けるかにより、人の日々の行動、ひいては生涯を通じて取る行動が大きな影響を受けると指摘されている。[*注19]

ラドバウド大学（オランダ）の研究チームによれば、「ものごとに注意を向けることの重要な意義のひとつは、それにより目標への行動が促されること」だ。[*注20] 人が注意を向ける対象は、その人にとって価値あるものと認識されるので、みずからの情熱の追求が重要なものだと再確認できる。重要だと思っていれば、人はそれを実行する。

やや逆説的に聞こえるかもしれないが、重要なものごとがすべて注意を向けられるわけではなく、注意を向けられるものが重要とみなされる。そう考えると、重要なはずの仕事をないがしろにし、くだらないことに注意を奪われて時間を浪費する人が多いのもうなずける。人の注意を引きつけるものが最強なのだ。

熟達思考を実践できている人たちは、この点をよく理解している。誰だって、ほかのことに関心を奪われ、集中力を失うときがある。そこで、大切だと思っている活動に集中するための時間とエネルギーを意識的に確保する必要がある。自己規律を発揮し、集中の妨げになる要素をすべて払いのけるためには、その活動が何よりも重要なものだという明確なメッセージを繰り返し発信しなくてはならない。そして、そうしたメッセージは、その人が何に注意を向けるかという形で発せられる。

あなたの周囲には、吸血鬼が血を吸うようにあなたの関心を吸い取る要素が溢れている。人間にとって最も貴重な資源が時間だとすれば、それを無駄にしないために重要なものに集中しなくてはならない。情熱を追求するときは、その活動に集中するべきなのだ。

POINT

情熱を追求するときは、その対象にすべての関心を注ぐために、集中の妨げになる要素を排除すべきだ。

情熱の対象に集中するための時間とスペースとエネルギーを確保しよう。

重要なものごとがすべて注意を向けられるとは限らない。注意を向けられるものが重要とみなされる。だから、何に注意を向けるかに気をつけるべきだ。

ここまでの話をまとめると、熟達思考は6つの主要な要素で構成される。

1▼内面から湧き上がる意欲をいだく
2▼結果よりもプロセスを重んじる
3▼順位よりも成長を目指す
4▼失敗を受け入れる
5▼忍耐力をはぐくむ
6▼目の前のことに集中する

これらの原則に沿って行動すれば、悪しき情熱を遠ざけ、最も好ましい調和的情熱をいだける。このような情熱とともに生きる人生は、実に素晴らしいものになるだろう。

調和的情熱とともに生きる

ロバート・パーシグは、前出の著書で「クオリティ」という概念を強調している。ここで言う「クオリティ」とは、ある状態ではなく、ある出来事を表現する概念だ。たとえば、俳優とその人の演技が密接に結びついていて、両者が一体を成しているときに、そのような出来事が起きるという。

　そうした結びつきは、究極の敬意と関心と気遣いを通じて生まれる。彫刻家が自分のつくっている彫刻と不可分になり、その一部になる。スポーツ選手が競技にすっかり魅了されて、単にプレーしているというより、そのスポーツと一体になる。恋人たちが言葉をいっさいを交わさなくても、相手の感じていることを理解できる。これが「クオリティ」だ。パーシグに言わせれば、それが実現してはじめて、人は充実した人生を生きられる。[*注21]

　このような結びつきを得るためには、**過去や未来のことを考えたり、ほかの人からどう思われているかを気にしたりしてはならない。いまやっていることに全力で打ち込み、そのことだけを考えるべきだ。ほかのことに関心を奪われるべきではない。**恐怖心を捨て、外的な成果に執着せず、その活動に魅力を感じるというだけの理由でそれを実践してはじめて、「クオリティ」が実現する。要するに、調和的情熱は「クオリティ」の前提条件なのだ。

　同様のことを述べている偉大な思想家は、ほかにも大勢いる。ジョージ・レナードは、演技にすべてを捧げている俳優とその演技との間には神が宿ると述べた。[*注22]また、エーリッヒ・フロムによれば、その経験は「（真の）自分に近づく過程で味わうもの」で、ほかでは得られない喜びをもたらすという。[*注23] 医療の質を改善する運動の草分け的存在だったアベティス・ドナベディアンは、死の床にあったとき、質の高さとはどのようなものだと思うかと尋ねられた。その問いに対する彼の答えは、「それは愛だ」だったという。[*注24]

調和的情熱とそれが生む「クオリティ」は、ほかに類のない経験を可能にする。仕事の質だけでなく、人生の質も高まるのだ。芸術、スポーツ、ビジネスなど、多くの分野に関する研究結果によれば、ある人がいだく調和的情熱と、その人の活力、前向きさ、学習、練習、成果、そして人生全般の満足度の間には関連が見られる。[*注25] 熟達思考を身につけ、調和的情熱をはぐくむことは、みずからの能力を開花させ、人生を満喫するためのカギを握る要素に思える。

しかし、これで話を終えるわけにはいかない。熟達思考を実践し、調和的情熱をいだいていても、なんらかの目標を本気で追求すれば、かならず代償を払わされる。その活動以外のことがないがしろになるのだ。情熱の追求にすべてを捧げれば、たとえそれが調和的情熱であったとしても、人生のバランスが崩れる場合が多い。そこで、浮かび上がってくる問いがある。情熱をもって生きつつ、人生のバランスを保つことは可能なのか。そもそも、バランスを取ることを目指すべきなのか。次章ではこの点を考えたい。

POINT

熟達思考を実践すると、調和的情熱が生まれて、ほかに類のない「クオリティ」が実現する。自分が取り組んでいる活動に没頭し、自分をそれと切り離すことが難しくなる。自分がその活動と一体化するのだ。

調和的情熱の持ち主は、自分が生き生きとしているように感じることが多い。

調和的情熱にはさまざまな恩恵がある。活力や成果、人生全般に対する満足感が高まる。

しかし、たとえそれが調和的情熱であったとしても、情熱を追求することにはかならず代償が伴う。ある活動にすべてを捧げれば、どうしてもほかの要素がないがしろになるのだ。

第 6 章

「人生には バランスが必要」は幻想

偏りが人生を豊かにする

世界的に有名な自己啓発作家・講演家である故ジム・ローンが最も重んじたのは、バランスだったと言えるかもしれない。ローンの言葉が記されたポスターは、いまも世界中の教室や職場、さらにはヨガ・スタジオにも張られている。「バランスを欠いた人生を送っている人は、健康、精神の豊かさ、そして富と幸福をそこなう危険がある。だから、モチベーションをいだける要素を人生のあらゆる領域に見つけることが重要だ。人生がうまくいくかは、それにかかっている[*注1]」

強力なメッセージだ。数知れない自己啓発書が同様の主張をしている。近くの書店に足を運べば、ひょっとすると自己啓発の棚の中に「バランス」のコーナーが見つかるかもしれない。バランスの取れた人生を送るべしというメッセージは、自己啓発ビジネスの根幹を成す基本的な「教義」と言ってもよい。

自己啓発作家だけでなく、れっきとした一流大学もバランスの重要性を説いている。以下は、ジョージ・ワシントン大学（ワシントンＤＣ）で開講されている「バランスの最適化」という科目の２０１６年の講義内容だ。[*注2]

- いま自分がバランスの取れた人生を送れているかを分析する

「バランスの取れた人生を送る妨げになる内的・外的要因を乗り越える」ために役立つ

ヒントを得る。

- 人生のバランスを失わない
  「人生にバランスを生み出し、その状態を保つために有益な手法」を学ぶ。
- 人生のバランスを改善する戦略を知る
  「よりバランスの取れた人生を送る方法」に光を当てる。

現代人は人生のバランスにご執心らしい、と思った人も多いかもしれないが、人がバランスに魅了されるのは最近に始まったことではない。バランスの取れた人生を送りたいという考え方は、人間の思考に深く根を張っているようだ。

古くは、古代ギリシャでもそのような主張がなされていた。紀元前３００年頃、哲学者のアリストテレスは、弟子たちに中庸の重要性を説いた。つまり、過剰と過少の両極端ではなく、ほどよい中間を目指すべきだと訴えたのだ。プラトンが「魂の三分説」を唱えたのも同じ時代だ。これは、魂の３つの要素に足並みをそろえさせることが重要だという主張である。

古代の医学では、人体は４つの液体的要素（胆汁、黒胆汁、粘液、血液）で構成されていて、健康なときは４つの要素のバランスが取れていると考えられていた（四体液説）。このうちのどれかひとつが過剰になったり過少になったりすると、人は病気になるとされた。ルネサンス期の芸術家レオナルド・ダ・ヴィンチの「ウィトルウィウス的人体図」は、理想の人体を完全に左右対称なもの、つまりバランスの取れたものと位置づけている。歴史を通じて、そしてさまざまなジャンルで、人々はつねにバランスを追い求めてきたのだ。

こうした点を考えると、今日の世界にバランスの重要性を説くアドバイスが溢れているのも不思議ではない。バランスさえ確保できれば、万事うまくいくと言わんばかり。バランス、バランス、バランスの大合唱だ。しかし、**興味深い活動をしている人がバランスの取れた人生を送っていた例がどれくらいあるだろうか。ましてや、人生のバランスを取り、しかも深い情熱をいだいている人など、どれだけいるだろう。**

あなた自身の経験を振り返ってみてほしい。自分がいちばん生き生きしていたと思う時期、あなたはバランスの取れた人生を送っていただろうか。私たち著者2人は、声を大にしてノーと答えたい。誰かと恋をするにせよ、ヒマラヤ山脈でトレッキングをするにせよ、本を書いたり、スポーツで成績を伸ばすためにトレーニングを積んだりするにせよ、私たちはこれらの活動に夢中になったとき、その活動に全面的にのめり込んでいた。バランスを取るために、人生のほかの側面にも同等の時間とエネルギーを割いていたら、こうした人格形成面で大きな意味をもった経験ができなかっただろう。このように感じているのは、私たちだけではない。

私たちがコーチングや執筆を通じて知り合った人のなかで**大きな成果を挙げている人たちはほぼ例外なく、活動の対象に全面的にのめり込むことにより幸福感と充実感を味わい、最高の日々を送っていると語る。**この傾向は、スポーツ選手やアーティスト、コンピュータプログラマーや起業家など、さまざまな分野の人たちに見られる。

第2章で紹介したウルトラランナーのリッチ・ロールに言わせれば、「充実した人生を送り、満足感をいだくためには、自分が本当に興奮できるものを見つけ、それに全力で打ち込めばよい」という。アメリカ屈指の医療機関メイヨー・クリニックで画期的な研究に取り組んでいるマイケル・ジョイナー医師は、こう述べている。「最大への道は最小から始まる。真に高い水準に到達したいなら、ひとつのことを究めて、それを全面的に楽しむこと。ほかの多くのものは切り捨てなくてはならない」。トップサーファーのニック・ラムは、ひたむきにサーフィンに打ち込む理由についてこう語ったことがある。「充実した人生を送るために最善の道は、何かに全力で取り組むことだ」[*注3]

情熱とバランスは対極にある

著者のひとり（スティーブ）が陸上競技で頭角をあらわし、1600メートルのタイムを4分近くまで短縮する前の経験を紹介しよう。高校時代のシーズン前のある日、指導熱心で生徒思いのコーチ、ジェラルド・スチュアートが部員にハッパをかけた。それまでクライン・オーク高校のクロスカントリーチームは、ほかの高校からまったくライバル視されていなかった。なにしろ、20年の歴史で州の高校選手権に出場したことが一度もなかったのだ。要するに、月並みの高校クロスカントリーチームだった。12人のやせっぽちの男子生徒たちは、数学と科学の成績はともかく、走ることには率直に言って苦戦していた。

しかし、そのわずか3年後、クライン・オーク高校は、地元テキサス州だけでなく全米でも屈指の陸上競技の強豪校になっていた。短期間で大転換を遂げる大きな要因になったのは、この日スチュワートが12人の男の子に素晴らしい言葉を語り、しかも部員たちにその言葉を実践させる説得力をもっていたことだった。

「選ぶのはきみたち自身だ」と、そのときスチュワートは語った。「高みを目指して、なんらかの分野で傑出した存在になることもできるし、現状でよしとすることもできる。大半の人は、2つめの選択をし、凡庸への道を歩む。なかには、きみの足を引っ張る人もいる。そうした人たちは、きみにもたいていの高校生のように漫然と日々を生きさせようとする。友人のなかには、きみよりもバランスが取れた人生を送っている人もいるかもしれない。優等生として表彰され、ディベートサークルで活躍し、学生自治会で重要な役割を務め、場合によってはインターンの経験も積んでいる、そんな人たちだ。でも、そうした友人たちはけっして傑出した存在になれない。人が一度に傑出した成果を挙げられることは2つまでだと、私は思っている。それより多くのことを目指せば、すべてがうまくいかなくなる。きみたちは、このチームの一員になり、大きな成果を挙げたいと決めた時点で、すでに選択したことになる。きみたちが取り組む2つのこと、それは陸上競技と学校の勉強だ」

　スチュワートは、冴えない成績のチームを強豪に成長させるために、メンバーの情熱に火をつける必要があると知っていた。そして、**情熱をいだきつつ、バランスの取れた人生を送るのは、不可能とは言わないまでも非常に難しい**ことも理解していたのだ。

　バランスを取るとは、人生のすべての要素に均等な労力を割き、あらゆる課題に取り組むことを意味する。すべての活動を同時並行で推し進めなくてはならない。最良の配偶者、最良の親、最良の社員、最良の学生、最良のアスリート……こうしたすべての要素を兼ね合わせた人物を目指そうというのだ。

しかし、それが可能だというのは幻想でしかない。この点は、誰か情熱的な人物を見れば、すぐにわかる。**情熱的な人物は、バランスが取れているとはお世辞にも言えない。情熱の対象に没頭していて、それ以外のことが目に入らない場合が多い。**

何かを本気で追求したことがある人に、つまり、トップを目指さないまでも自分にとってのベストを真剣に目指した経験をもつ人に尋ねてみるとよい。おそらくその人は、情熱の対象以外のものごとをつい忘れてしまうことがあったと言うだろう。情熱は安定を突き崩す力をもっている。たとえ調和的情熱を段階的にはぐくんでいく場合でも、情熱はあなたの人生からバランスを奪う。第2章で紹介したpassion（情熱）という言葉の語源が示唆するように、情熱とともに生きるのは過酷な経験なのかもしれない。

ウォーレン・バフェットは、歴史上屈指の大成功を収めた投資家だ。純資産は７５０億ドルを超すが、比較的質素な生活をしてきた。購入する自動車は、たいてい中価格帯のセダン。それも、10年に1度しか買い換えない。朝食はほとんどの日がマクドナルドだ。世界のどこにでも住めるだけの経済力があるが、ネブラスカ州オマハという小さな町で暮らしている。90年近く前に生まれた故郷の町である。若い頃も、脚光を浴びることを避け、社交界のイベントに出席するよりも本を読んだり勉強したりすることを好んだ。

投資の世界では王者のような存在のバフェットだが、莫大な資産を蓄えることがもたらす社会的評価や自己評価には過度な関心をもっていないように見える。際限のない金儲け競争には興味がないのだ。

バフェットを突き動かす動機は別のところにある。少しでも優れた投資家になることだけを考えて、投資という活動そのものを目的にし、投資のスキルを磨き続けたいと思っている。**バフェットは、典型的な熟達思考の持ち主だ。そのような思考様式をもっているからこそ、投資の世界で傑出した存在になれたのである。**

バフェットの人生は、バランスが取れているとはとうてい言えない。子どもの頃から、投資に魅了されてきた。小学生時代には、スポーツや女の子や遊びなど、大半の男の子が夢中になるような活動に興味を示さず、近所の家を回って商品を届けるビジネスを始めた。注文を取って、チューインガムや炭酸飲料や週刊誌などを配達したのだ。成長するにつれて、手がけるビジネスと投資はいっそう洗練されていった。自動車の掃除や洗車をしたり、ゴルフボールや切手を販売したり、ピンボールマシンを購入して理髪店にレンタルしたりもした。高校の卒業アルバムには、こんな言葉を寄せていた。「数学が好き。将来は株式ブローカー[*注4]」

投資への情熱は強まる一方だった。しかし、投資に夢中になったのは、評価されたいとか、リッチな生活を送りたいというのが理由ではなかった。前述したように、バフェットは質素を旨として生きている。投資にのめり込んだのは、投資で莫大な利益を生み出すという課題自体に挑みがいを感じたからだ。

投資戦略を考えたり、投資先候補の企業を品定めしたり、投資先企業の経営改善のために助言したりすることに、すべての時間を費やしてきた。結婚して3人の子どもをもうけたが、家族と向き合うことはあまりなかった。死別した最初の妻であるスーザンは、こう述べたことがある。「物理的にそばにいても、上の空のときがあった[*注5]」

息子のハワードは『ウォーレン・バフェット氏になる』という映像ドキュメンタリーの中で、父親と情緒的な絆をはぐくむのは難しいと打ち明けている。「そういうのは父の基本的な行動パターンではない」とのことだ。娘のスージーによると、父親と話すときは手短に話さなくてはならないという。「話が長くなると、父の関心は、そのとき頭の中にある壮大な思考に奪われてしまうから[*注6]」

あらゆる情報に照らして考えると、バフェットが善意の人であり、家族を大切にしたいと本気で思ってきたことは明らかだ。しかし、投資に没頭していることも間違いない。投資への情熱を弱めることは、どんなに努力しても難しい。その情熱は調和的なものかもしれないが、それでもコストはついて回る。いつも投資のことばかり考えてしまうのだ。

ジャーナリストのジェームズ・スロウィッキーが執筆したニューヨーカー誌の記事によれば、バフェットは、「投資の才能には生まれつき恵まれていた。それよりも、上手に生きることに苦労してきた」[*注7]のだ。

情熱的な人物のなかには、バフェットのような人物が少なくない。それは、ヒーローとして崇められている人にも言えることだ。2人の歴史上屈指の「活動家」の例を紹介しよう。アメリカ建国の父のひとりであるアレクサンダー・ハミルトンと、インド独立の父モハンダス（マハトマ）・ガンジーだ。

2人とも調和的情熱の持ち主で、虚栄心を満たすためではなく、内から湧き上がる意欲と、社会に貢献したいという揺るぎない信念に突き動かされて行動した。しかし、2人の私生活は、世間的に言えば欠陥があった。

ハミルトンはアメリカ合衆国の政治体制を築くうえで不可欠な役割を果たしたが、妻以外の女性と関係をもっていた。ガンジーはインドを独立に導き、世界中の公民権活動家が非暴力主義で運動を展開する手本になった。その偉大な業績により、サンスクリット語で「偉大なる魂」を意味する「マハトマ」という尊称が広まったほか、「バープー」（ヒンズー語で「父親」という意味）とも呼ばれた。しかし、この呼称はあまりに皮肉だ。ガンジーはインド国民の父ではあったかもしれないが、長男ハリラールとの向き合い方には苦労し

た。父子の関係は良好とは言えず、ついにはガンジーがハリラールを勘当するにいたった。[*注8]

ハミルトンとガンジーの家庭生活がうまくいかなかった本当の理由はわからないが、政治や社会を変える活動にのめり込むあまり、それ以外の人間やものごとに関心を払う余力がほとんど残されていなかったのかもしれない。この2人の例は極端だが、きわめて本質的な真実を浮き彫りにしている。**人間の時間や関心やエネルギーは有限の資源だ。ひとつの事柄に情熱を燃やせば燃やすほど、それ以外の活動に割ける資源は少なくなる。**よしあしの問題ではなく、それが現実なのだ。

ハミルトンやガンジーが政治的な活動に割く資源をもっと減らしていたほうがよかったと思う人はまずいないだろう。2人が生産的な情熱に突き動かされて有意義な人生を送ったという事実を否定できる人もほとんどいない。しかし、2人の人生は、バランスが取れた人生にはほど遠い。

バフェット、ハミルトン、ガンジーだけではない。バランスの取れた人生を送っているオリンピック選手がいるだろうか。精力的な外傷外科医や、文学賞の受賞者、はじめて恋人ができたティーンエージャー、子どもが生まれて間もない親に、そのような人物がいるだろうか。ほとんどお目にかかれないだろう。強烈な情熱をいだきつつ、バランスの取れた人生を送ることはまず不可能なのだ。

　これは、情熱が生まれる生物学的・心理学的要因によるものだ。第2章で述べたように、情熱と依存症はいわばいとこ同士のような関係にある。社会は、情熱を生産的なもの、依存症を有害なものと位置づけるが、両者の原動力は共通している。情熱も依存症も次第に人生の多くの領域を覆いはじめる。**情熱をもって生きる人は、必然的にバランスを欠いた人生を送ることになるのだ。**

　これは時代を超越した真理だ。古代ギリシャの哲学者アリストテレスは、『ニコマコス倫理学』のなかでこう述べている。「フルートを演奏するのが好きな人は、フルートの音が聞こえてくると、議論に集中できなくなる。そのとき取り組んでいる活動よりも、フルートのほうが楽しいからだ。フルートの音がもたらす快楽が、目の前の活動に勝ってしまう。こうしたことは、ほかのあらゆる局面で起きる。2つのことを同時にやろうとすると、それが避けられない……だからこそ、ある活動を非常に楽しく感じているとき、ほかのことに没頭できないのである」[*注9]

　しかし、情熱の追求と引き換えに多くのものを犠牲にしていることが問題なのではない。問題は、情熱に押し流されると、自分が何を犠牲にしているのかを理解せずにその活動にのめり込んでしまうことだ。たとえば、友人や家族との時間、ほかの趣味、素朴な楽しみ（好きなテレビ番組を毎週欠かさずに見ることなど）といったことが犠牲になる。

あとで述べるように、情熱に押し流されることを避け、自分が人生で本当に大切にしたいものは何かを知る方法はある（大切なものは、時期によって変わる場合もあるだろう）。しかし、その議論をする前に、野放しの情熱につきもののもうひとつの大きなリスクを検討しておこう。それは燃え尽きのリスクである。

「燃え尽き」を防ぐ

ものごとを情熱的に追求するためには、すべての時間をその活動に捧げなくてはならないと思い込んでいる人が多い。しかし、これでは成功を長続きさせられない。いずれ燃え尽き状態に陥ってしまう。

前著『PEAK PERFORMANCE　最強の成長術』（邦訳・ダイヤモンド社）で述べたように、長く成長し続けたければ休息が不可欠だ。何かに向けて奮闘し、生産的な負荷にさらされることは重要だが、それだけでは成長できない。負荷を経験したあとに休息を取る必要がある。前著で最も反響の大きかった言葉を使えば、**「負荷＋休息＝成長」**なのだ。

よく知られているように、内面から湧き上がるモチベーションは、長期にわたり成果を挙げ続け、燃え尽きを防ぐ効果がある。スポーツのフィールドだろうと職場のオフィスだろうと、人は内発的なモチベーションが強まれば強まるほど、その活動をすること自体が行動の目的になる。外的な報酬や評価を得るためではなく、それが楽しいからという理由でその活動にのめり込むのだ。すると、結果もより好ましいものになる。

とはいえ、内発的なモチベーションをいだけば無敵になれるわけではない。仕事を愛していても、というより**仕事を愛しているがゆえに、適度な休息と回復の時間を取らずに猛烈に頑張り続ければ、いずれ停滞期にはまり込むことが避けられない。**

私たちがコーチングの仕事で非常に楽しく感じるのは、内面から湧き上がるモチベーションが強い人たちのコーチングをするときだ。そのような人たちは、行動に向けて背中を押す必要がほとんど、あるいはまったくない。難しいのは、彼らが突き進みすぎないようにすることだ。私たちがブレーキをかけないと、限界まで頑張ってしまう。これは内発的なモチベーションをもっているにもかかわらず起きることではなく、内発的なモチベーションをもっているからこそ起きることだ。

ものごとに熱中していて、成長したいという強い思いをもっている人は、どうしても頑張り続けずにいられない。好ましい内発的なモチベーションが原動力になっている場合でも、いつかは心身が疲れ果ててしまう。そうなると、ものごとに関心がもてなくなり、ひどい場合は鬱状態になる。とくに厄介なのは、たいていそれがひっそり進行することだ。自分で気づいたときには、もうかなり状況が悪化している。

ここから言えるのは、睡眠が途轍もなく重要だということだ。あなたが仕事を本当に愛していて、素晴らしい成果を挙げたいなら、睡眠を削ることはぜったいに避けなくてはならない。2000年代初頭、ハーバード大学の研究者たちが画期的な研究結果を発表した。それによれば、人が頭の中で情報を保持し、強化し、貯蔵し、結合させるのは、睡眠中だという。言い換えれば、**人が成長し、大きな飛躍を遂げるのは、一生懸命に活動している最中ではなく、休息しているときなのだ。**

しかし、活動をしない時間を確保するのは並大抵のことではない。その活動を愛している場合は、それがとりわけ難しい。アメリカの作家アーネスト・ヘミングウェイいわく、執筆は確かに難しいけれど、自分にとっていちばん難しいのは、その日の仕事を無理やり切り上げて「翌日まで待つこと」だという。スティーヴン・キングも、著書『書くことについて』（邦訳・小学館文庫）でこう記している。「私にとって本当に大変な仕事は、仕事をしないことだ」

キングの言葉には、素晴らしいヒントが詰まっている。**「仕事をしないこと」を仕事の**

一部と考えれば、休息を取りやすくなるのだ。このような発想は、世界有数の、非常に息の長い活躍を続けるミュージシャンやスポーツ選手、アーティスト、知識人、企業幹部、起業家に共通している。こうした人たちにとって、休息を取ることは、受動的な経験ではなく、能動的な経験なのだ。休息している間、時間を無駄にしているわけではなく、その間に脳（や肉体）が成長すると考える。そのため、休息の時間を大切にするのだ。

なんらかの活動に全精力を傾ける場合も、休息を取らずに奮闘する必要はない。というより、情熱的にものごとに打ち込むのなら、いっそう休息が重要な意味をもつ。「負荷＋休息＝成長」であることを忘れてはならない。どんな活動に精を出すにせよ、休息と回復の時間を設けるよう心掛けよう。★

大切なのは自分を理解すること

自分の存在意義をひとつの活動と結びつけることのリスクは、ほかの大切なことにまったく関心が向かなくなる（そして将来後悔する）ことや燃え尽き状態に陥ることだけではな

★　休息に関して、詳しくは私たちの最初の著書『PEAK PERFORMANCE　最強の成長術』を参照してほしい。この本では、60ページ以上を割いて「負荷＋休息＝成長」という関係について論じ、この考え方をさまざまな活動に応用する方法を紹介した。

い。情熱を傾けてきた活動を続けられなくなったとき、どうなってしまうのか。スポーツ選手やモーレッツ型のプロフェッショナルたちが引退せざるをえなくなったとき、鬱などの精神衛生上の問題に直面する人が多いことは意外でない。ある活動につぎ込むエネルギーが多ければ多いほど、その活動から抜け出すことが難しいのかもしれない。

しかし、だからといって、バランス重視の人生を送ることが正解だとは思えない。バランスを取ろうとすれば、特定の活動にどっぷり入り込めなくなる。

バランスを取ろうと苦闘するよりはるかに好ましいのは、自分の現状を正しく理解することだ。みずからの中核的価値観、感情、情熱、行動、他人に及ぼす影響をチェックし、それらを正確に評価して、主体的にコントロールする必要がある。自分を知り、自分の状況をたえず確認して（人の自我は時間を経るにつれて変わっていくものだからだ）、その認識に基づいて生きるべきなのだ。

このような自己認識がしっかりしている人は、ある活動に没頭することで得られる目先の幸福感と、その活動を続けることの将来的な結果を明確に区別して考えられる。家庭を築くために引退するオリンピック選手や、アトリエ外の人生に時間を割くことで作品の質が高まると考える芸術家、毎晩かならず家族と一緒に夕食をとり、子どものスポーツの試合に欠かさず足を運ぶ弁護士は、こうした自己認識ができている。

しかし、このタイプの自己認識をいだくことはけっして簡単ではない。もしかすると逆説的に聞こえるかもしれないが、次章で述べるように、そのための最善の方法は、「自己」の外に出てものを考え、自分を客観的に見ることだ。心理学の世界では、このアプローチを「セルフ・ディスタンシング」と呼ぶ。具体的には、友人にアドバイスするつもりで自分の現状を分析したり、あえて主語を三人称にして日記を書き、その文章を読み直したときにどのような感情が湧くかを確認したり、瞑想したり、自分がいずれ死ぬという現実についてじっくり考えたりすればよい。

自己認識を深めれば、バランスを欠いた情熱的な人生を送ることの代償を正しく認識できる。そうすれば、休息と回復の時間を確保して燃え尽きを避けられるし、自分の時間とエネルギーの使い方を意識的に選択し、のちに自分の行動を後悔する可能性も減らせる。

自己認識は、自我が特定の活動と深く結びつきすぎているとき、そのことに気づく助けにもなる。本を執筆していたり、赤ちゃんが生まれた直後だったり、スポーツでオリンピック出場を目指していたりする人は、極端にバランスを欠いた日々を送っている場合もあるだろう。しかし、しっかりした自己認識の持ち主なら、期間が限定されていれば、それでも問題でないと思えるかもしれない。

特定の1日、1週間、1カ月、ときには1年の範囲では、まったくバランスが取れていないように見える人でも、視野を広げて人生全体を見れば、よくバランスが取れていて、きわめて健全な人生を送っている場合もある。目指すべきなのは、このようなバランスだ。

シャレーン・フラナガンは、30代後半のマラソン選手。２０１７年には、アメリカの女子選手として40年ぶりにニューヨークシティマラソンで優勝した。走ることに途轍もない情熱をいだいている。トレーニングの負荷を最も強める時期には、１週間に２００キロくらい走ることもざらだ。バランスの取れた人生を送る方法などないと知っているし、そんな人生を送りたいとも思っていない。

「ある期間、何かに極端に没頭し、そのあと、また別のことに極端に没頭するのが好き」だと、フラナガンはアウトサイド誌のインタビューでブラッドに語っている。「走ることにひたすら打ち込み、そのあと休暇を取り、その期間には家族やほかの活動に集中する。あらゆることをすべて同時におこなうのは、肉体的にも精神的にも無理だと思う」[*注10]

フラナガンは、プロランナーとしてのキャリアがいずれ終わることも理解している。ほかの活動に情熱を注ぎたいと思うようになったり、肉体的な限界により引退せざるをえなくなったりする日が来ると知っているのだ。

これまでも、多忙な競技生活を送りながら、ほかの関心事も完全には無視してこなかった。料理や執筆などがそうだ（最近、この２つの関心を組み合わせて料理本を上梓した。料理人であるエリス・コペッキーと一緒に執筆した『走るのは速く、食べるのはゆっくり *Run Fast. Eat Slow*』という本だ）。マラソン界で揺るぎない評価を得ているので、将来はメンタリングやコーチングの仕事に移行する道もありそうだ。

「走ることに関して自分の限界を見てみたい。自分にどこまでできるか知りたいのです。まだ何回かは素晴らしいレースを走れる可能性があると思っています」と、フラナガンは言う。「でも、次の段階に進むべきときが来れば、そのときはそうします」。それはつらい決断になるだろう。それでも、いつかは決断しなくてはならないと理解している。理解しているからといって、移行が簡単になるわけではないが、すっかり途方に暮れてしまう可能性は減る。

フラナガンのように確かな自己認識をもっている人は、何かに全面的に没頭することの威力を理解できるだけでなく、ほかの活動に移行すべきタイミングも知ることができる。さまざまな研究によると、**強力な自己認識の持ち主は、意思決定の質が高く、対人関係が良好で、創造性に富み、キャリアも充実しているとのことだ。**[*注11] **自己認識をいだくと、精神の健康が改善し、幸福感が高まるという研究もある。**[*注12]

以上のことを考えると、興味深い結論が浮かび上がってくる。よい人生を生きるとは、現実離れしたバランスを目指すことではないのかもしれない。調和的情熱を追求しつつ、十分な自己認識をいだき、情熱の追求と引き換えに自分がどのような活動を諦めているのかをたえず確認して、必要だと思ったときは変身を遂げられること——それがよい人生のように思える。

情熱を追求するうえで重要なのは、バランスを取ることではない。強力な調和的情熱、すなわち最も好ましいタイプの情熱と、同じくらい強力な自己認識を組み合わせることが重要なのだ。そのような生き方を実践できれば、1日単位で見てバランスが失われていたとしても問題ない。次章では、強力な自己認識をいだくためにはどうすればよいかを検討する。

POINT

多くの自己啓発書に書かれていることとは違うかもしれないが、情熱をもって生きることと、バランスの取れた人生を送ることは両立しない。

バランスを欠いた人生を送ることには、いくつもの恩恵がある。

あなたはこれまでの人生で最も充実していたとき、
バランスの取れた日々を生きていただろうか。

バランスを欠いた日々を生きること自体は問題ない。
しかし、情熱を追求するあまり思考停止状態に陥り、
情熱と引き換えに自分が何を犠牲にしているかを考えることを
忘れてはならない。

バランスを取ろうと躍起になるのはやめよう。
情熱を追求することでどのような代償を払わされるかを
理解するために、自己認識を深めることを目指すべきだ。

第7章

自己認識で人生を選びとる

自分自身と
親密な関係を築こう

情熱は思考を停止させる

シリ・リンドレーは、２０００年から２００２年にかけて女子トライアスロン界に君臨していた。この2年間にワールドカップで10回以上優勝し、世界トライアスロン選手権でも金メダルに輝いた。水泳と自転車と長距離走の3種目すべてで彼女ほど高いレベルに達していた選手は、ほかにいなかった。

しかし、一夜にしてここまでの選手になったわけではない。それは、長い間、トライアスロンのことだけ考えて、猛烈な情熱を燃やし続けたことの賜物だった。

トライアスロンと出会ったのは１９９３年。24歳のときだった。当時は、地元マサチューセッツ州ウースターのＹＭＣＡ（キリスト教青年会）の職員としてはじめて職に就いたばかり。この仕事を通じて知り合ったなかに、トライアスロンに夢中になっている女性たちのグループがあった。

この新しいスポーツのことをもっと知りたい、そして友人たちを応援したいと思ったリンドレーは、近くで開催される大会に足を運んだ。すると、この過酷な競技に——３つの競技をマスターし、その3種目を立て続けにおこなう持久力をはぐくまなくてはならない

──たちまち魅了された。大会をはじめて観戦したとき、友人たちの奮闘に感銘を受けると同時に、「私にだってできないはずがない」と思ったという。こうして、トライアスロンの大会を見て触発された多くの人たちと同じように、トレーニングを始めた。

このとき、リンドレーをトレーニングに向かわせた要因は、「やればできる」という前向きの精神だけではなかった。過去と現在の経験が原因で、いくつもの深刻な情緒的苦痛を感じていたのだ。幼いときに両親が離婚し、実の父親とも義理の父親とも関係は良好と言えなかった。苦悩の要因は、まだほかにもあった。トライアスロンに魅了されたのと同じ頃、自分が男性よりも女性に惹きつけられることがはっきりわかってきた。その事実は、どれだけ男の子とデートし、どれだけ自分を叱咤して男の子とキスをしても変えることができなかった。この時代は、性的マイノリティがいまよりも色眼鏡で見られ、不公正な扱いを受けていた。リンドレーは、強烈な情熱を生む心理的要因（第2章参照）をすべてもっていたと言える。

ほかのスポーツでは、過剰なトレーニングはほぼ例外なくけがにつながる。しかし、3つの種目で構成されるトライアスロンは、連日長時間にわたり激しいトレーニングを続けても、けがを負うリスクが比較的少ない。リンドレーも過酷なトレーニングに打ち込んだ。才能に恵まれていたとは言えないかもしれないが（はじめてのレースでは完走するのがやっとだったし、その後の数大会も悲惨な成績に終わった）、猛烈なトレーニングで才能の不足を十分に補った。

1995年から2002年までは、トライアスロンが人生のすべてと言っても過言でなかった。いつも、泳いでいるか、自転車を漕いでいるか、走っているか、トレーニングのあとの回復に努めているかだった。

生活のすべての面でトライアスロンを最優先にした。ヘルシーな食生活に気を配り、住む場所も競技のために選んだ。最初は、トライアスロンの聖地とも言うべきコロラド州ボールダーに拠点を置き、のちにはヨーロッパ各地のトレーニングキャンプで生活した。人づき合いは、トレーニングやレースで会うアスリートだけ。修道僧さながらの孤独な日々を送っていた。トレーニングをし、食べて、眠る。その繰り返しだった。トライアスロンにすべてを捧げていた。それは、バランスが取れた人生にはほど遠かった。

トライアスロンへの情熱は猛烈だったが、それはおおむね調和的情熱だった。熟達思考がその土台にあったのだ。競技生活では、手痛い敗北も経験したし（オリンピック出場がかかった試合で緊張のあまり失敗したことがある）、素晴らしい成功も経験した（世界選手権で金メダルに輝いた）。しかし、内面から湧き上がる意欲を失ったり、トライアスロンへの深い愛情がなくなったりしたことは一度もなかった。つねに結果よりもプロセスを重んじ、成功するために失敗を受け入れる姿勢をもっていた。そしてなにより、誰よりも成長したい、過去の自分に勝ちたいと考えていた。

　リンドレーは、熟達思考と調和的情熱の持ち主だったように見える。ところが、キャリアの絶頂期にあり、女子トライアスロン界に君臨していたにもかかわらず、２００２年シーズンをもって現役を引退した。しかも、理解し難いかもしれないが、そのことであまり心理的ダメージを負わなかった。

「自信をはぐくみ、不安を解消することにより、トライアスロンで大きな成果を挙げることができた」と、リンドレーは回想録で振り返っている。「けれども、私はトライアスロンを通じて自尊心をいだく必要性をもう感じなくなった[*注1]」

　リンドレーがトライアスロンを深く愛していたことは間違いない。しかし、自分の情熱が調和的な面ばかりではないと気づいていて、トライアスロンを自尊心の源にしすぎているのではないかと思いはじめていた。それに、過酷な競技生活を退き、人生の次の段階に移行する心の準備もすでにできていた。情熱を別の対象に向け、人生のほかの要素にエネルギーをそそげる段階に来ていたのだ。

　トライアスロンの世界に飛び込んだのは、「自己」の一部の側面から文字どおり逃げるためだった。しかし、競技に打ち込むことを通じて、ありのままの自分を率直に表現できるだけの自信を得られた。トライアスロンを引退できた大きな理由は「自分がどのような人間かを受け入れられた」ことにあったと、本人も述べている。

思慮深く、そして潔く現役を退いたことは、競技生活で成し遂げた数々の偉業以上に見事だったと言えるかもしれない。リンドレーは、望まずして引退に追い込まれたわけではない。年齢やけがが引退の理由ではなかった。それどころか、２００４年の夏季オリンピック出場を目指して現役復帰するよう、コーチのブレット・サットンから懇願されたこともある。しかも、その4年後の２００８年にも再び懇願されている。

まだトライアスロンの世界でやれることがたくさんあることは明らかだった。しかし、ほかの世界でやれることもたくさんあると気づいたのだ。引退したのは、そうすべき時期が来たと思えたからだ。トライアスロンへの情熱は（完全にとは言わないまでも）おおむね調和的情熱だったし、その気になればまだ長く現役で活躍できただろうが、その時点での自分にとっては、競技のために多くのことを犠牲にしすぎていると思うようになったのだ。

引退するというリンドレーの選択は、正しいとか間違っているという類いのものではない。それは彼女の個人的な選択であり、どのような生き方をしたいかが昔とは変わったことがその選択の理由だった。そして最も重要なのは、これが意識的な選択の結果だということだ。情熱による思考停止状態に陥っていなかったのだ。そうした意識的選択ができたのは、しっかりした自己認識をもっていたからにほかならない。

情熱は、人を思考停止状態に引きずり込む力が強い。その力にあらがう手段は、自己認識をいだくこと以外にないのかもしれない。自己認識の持ち主は、自分の情熱について慎重に検討し、適切な評価をくだせる。そうすれば、20年後に振り返ったとき、あんな時間の使い方をしなければよかったのにと後悔せずに済む。20世紀アメリカの作家ラルフ・エリソンの表現を借りれば、「自分が何者かを知れば、自由になれる」のだ。[*注2]

この考え方は、最新の研究によっても裏づけられている。研究によれば、情熱に駆られて行動している人は、奮闘を促す役割をもつ脳の部位（線条体）と、それを抑制する役割をもつ脳の部位（前頭前皮質）の間のコミュニケーションが断絶している場合が多い。そのコミュニケーションを取り戻し、情熱とのつきあい方をコントロールするために有効だとわかっている唯一の方法は、深い内省を通じて自己認識をもつことだ。**自己認識の持ち主は、自分の情熱について冷静に判断し、必要に応じて方向転換したり、自分にブレーキをかけたりできる。**

ただし、明確な自己認識をいだいている人がかならずリンドレーのように情熱の追求をやめるわけではない。科学者や医学者、芸術家やスポーツ選手や起業家など、人類の進歩に大きく貢献した人の多くは、明確な自己認識をいだいているが、それでも情熱の追求にすべてを捧げることを選んでいる。**自己認識の効用は、情熱とのつきあい方を見つめ直す機会をつくり、情熱の対象から距離を置くべきときと、いっそう猛烈に情熱を追求すべきときを自分で見極められるようにすることなのだ。**

情熱は人生のバランスを奪うかもしれないが、それにより自分の人生をコントロールする能力が奪われるとは限らない。自己認識をもてば、コントロールを失わずに済むのだ。

自分自身を知り、情熱をコントロールする

自己認識をもつとは、自分の信念や価値観や感情や行動パターンを正確に理解し、そうした価値観や感情を反映して実際にどのような行動を取っているかを知ることだ。自己認識を深めれば、自分を取り巻く状況と自分の行動を理性的に把握できるようになり、激しい感情によって状況が見えなくなる事態を避けられる。脳の興奮状態に押し流されず、自分の中核的価値観や信念に照らして大切にしたいものを優先できる。勢いにのまれて思考停止状態で行動することなく、自分の運命を自分でコントロールできるのだ。

あなたは、自分のことをいちばんよく知っているのは自分自身だと思っているかもしれ

ない。確かに、人は自分のことをつねに見続けている。人は自分の内面の思考をすべて知っている唯一の存在だ。しかも、生まれた瞬間からずっとそのような立場にある。

しかし、ワシントン大学（ミズーリ州セントルイス）の研究によると、本人よりも友人のほうが——状況にとっては見ず知らずの他人のほうが——その人のことをよく知っている場合が多いという。

この研究では、まず定評のある心理学的調査法を用いて、実験参加者の性格的特徴や傾向（不安、知性、社交性など）を明らかにした。そのあと、同じ性格的特徴や傾向について、自己評価するよう参加者に求めた。研究チームは、それだけで終わりにしなかった。本人による自己評価がどのくらい正確かという点だけでなく、友人やまったくの他人など、ほかの人たちがどの程度正確な評価ができるかも調べた。

すると、平均すれば、友人の評価は本人の自己評価よりはるかに正確だった。また、うぬぼれの強さなど、本人と他人の見方が大きく割れる要素に関しては、まったくの他人が2、3分観察しただけでくだした評価ですら、自己評価より正確だった。[*注3]

人が正確な自己評価をまったくできないと言うつもりはない。なかには、自分のことをよく理解していて、正確な自己評価ができる人もいる。問題は、その域に達するために多くの時間と意識的な訓練が必要なことだ。**誰かと親密な関係を築くときと同じように、自**

分自身と親密な関係を築くためにも努力が不可欠なのである。

自分自身を知ることが難しいのは、感情に目を曇らされるからだ。自分を突き動かす要因に関しては、とくに現実が見えにくい。いま取っている行動にどっぷりはまる結果、客観的に、そしてありのままに自己評価をおこなうことがきわめて難しくなるのだ。

摂食障害やさまざまな依存症的な症状に苛まれている人がなかなか自分の問題を認められない原因も、この点にある。たとえて言えば、鏡に映る自分の姿を見ても問題が目に入らないのだ。摂食障害を生む要因としては、食べ物をとらないこと自体よりも、正確な自己評価ができないこと、現実を見られないことのほうが問題だ。

これは極端な例だが、前述したように、深刻な依存症の人と、スポーツで金メダルを目指したり、巨大企業を築こうとしたりする人の間には、多くの共通点がある。いずれの場合も、神経科学的な興奮状態に包み込まれて現実が見えづらくなっている。この点は、真剣に競技に打ち込んでいるスポーツ選手のなかに摂食障害の人が少なくない理由なのかもしれない。

この問題は昔から知られていて研究もされてきたが、広く注目を集めたのは、アメリカのフィギュアスケーター、アダム・リッポンが2018年の冬季オリンピックに出場した際、摂食障害との戦いを公表したときだった。[*注4] 多くのスポーツ選手が摂食障害になるのは、競技成績を向上させるうえで体重が軽いほうが有利だと考えるからだ。しかし、それだけでなく、脳内の化学的反応とその人の性格、そして、競技のことしか考えられず、成績のためなら手段を選ばないという思考様式も、大きな要因のように思える。ひたすら情熱を追求し、情熱の対象以外のことがほとんど目に入らなくなる状態は、摂食障害とあまり違わない。

幸い、**自分自身をよく知り、自分の状態を明確に理解するために、自己認識を深める役に立つ実践的な戦略がいくつかある。それらを実践すれば、自分の情熱をコントロールし、情熱とのつきあい方を意識的に、そして慎重に選び取れる。**

POINT

情熱の追求にのめり込むと、
きわめて強力な思考停止状態に陥りかねない。
思考停止状態への最良の対処法は、明確な自己認識をもつことだ。

自己認識をもつことにより、情熱とのつきあい方を意識的に選択できる。

そうすれば、自分の情熱をコントロールし、その結果として自分の人生もコントロールできるようになる。

自分のことを誰よりも知っているのは自分自身だと思うかもしれないが、実際は違う。

自己認識は、自然には生まれない。

意識的に、そして主体的に適切な戦略を実践する必要がある。

1　セルフ・ディスタンシング

レベッカ・ラッシュは、現存するなかで最高のアドベンチャー・レーサーだ。ボートで急流を下るホワイトウォーター・ラフティングや、起伏の激しい土地をマウンテンバイクで走るマウンテンバイキング、そしてクロスカントリースキーなど、さまざまな競技で何度も世界チャンピオンに輝いてきた。オリエンテーリング（野山の真ん中に、たいてい真夜中に放り出されて、そこから地図とコンパスを頼りに所定の場所まで戻る速さを競う競技）の主要大会でも優勝経験があるし、キリマンジャロの山頂まで自転車で登ったこともある。

この種の競技にのめり込む究極の変わり者たちのなかでも、ひときわ傑出した存在と言えるだろう。ラッシュがこれほど多くの成果を挙げられた大きな理由は、感情が高ぶりやすい状況でも自己認識を保ち続けられたことにあった。

この類いの競技に挑めば、絶体絶命のピンチに立たされることがたびたびある。なんの標識もない山野を自転車で３００キロ走っている最中に迷子になったり、真夜中に山の中で食料が尽きたりすることもある。そんなとき、ラッシュは思考と感情を切り離すために、友人の相談に乗っているつもりで考える。この方法を実践すると、激しい感情が渦巻く状況でも明晰に現状を分析し、理性的にものを考えられる。「自分のことではなく、友達の問題について考えていると思うようにすると、ほとんどの場合、難しい状況でどのような行動を取るべきかがはっきり見えてくる」とのことだ。[*注5]

あなたがラッシュのような状況に身を置くことはないかもしれないが、このアプローチは参考になる。自己認識をもつことを目指す人にとっては、感情に押し流されて思考停止状態に陥りがちなすべての状況で非常に大きな効果のある方法だ。

ウォータールー大学（カナダ）の心理学者イゴール・グロスマンは、実験参加者である100人の学生たちを2つのグループにわけて実験をおこなった。いずれも恋人と長い間つきあっている人たちだ。

半分の学生には、恋人に裏切られた状況をありありと思い浮かべさせた。残り半分の学生には、自分自身ではなく、親友がそのような経験をした状況を思い浮かべさせた。そしてそのあとすぐ、学生たちに、その状況に適切に対処する能力（ものごとを多様な視点から見る力、妥協する力、複数の問題解決策を検討する力など）を測るための問いに答えさせた。

すると、親友の身に起きた出来事だと想像した学生は、自分の身に起きたことだと想像した学生に比べてはるかに、「賢明な合理的思考」を実践し、状況を正確に把握して賢い判断をくだせた。[*注6]

ほかの研究によれば、一人称ではなく三人称で——たとえば「私の立ち上げた企業が途方もない難題に直面している」ではなく、「ジョンの立ち上げた企業が途方もない難題に直面している」という具合に——ものを考えたり、三人称で日記を書いたりすることによっても、自分自身について、そして自分の置かれた状況について、より明確に理解することができるという。[*注7]

このような手法は「セルフ・ディスタンシング」と総称されている。それを実践すれば、感情が高ぶりやすい状況で思考と感情を切り離し、慎重な分析と意思決定ができる。

さまざまな局面でのセルフ・ディスタンシングの効果を研究している心理学者のオズレム・アイダックとイーサン・クロスによれば、「自分の経験に関して感情を揺さぶるような細部を（つまり何が起きたかを）再現するのではなく、別の視点で状況を再構成することにより、頭を冷やし、ものごとの本質を深く理解できる」という。「過去の経験について考える中身を変えれば、感情に駆られた反射的な反応をしにくくなる[*注8]」

自分自身が絵の外に出れば、その絵の全体像が見えやすくなる。そうすれば、感情的にならずに、冷静にものを考え、より賢明な判断をくだせる。

あなたもときどき、自分の情熱について、誰か他人のことだと仮定して評価してみよう。あなたは、その架空の人物に対してどんなことを言うだろう。このまま情熱を追求し続けることを、さらには情熱をもっと精力的に追求することを勧めるだろうか。それとも、（トライアスロン選手のシリ・リンドレーがそうだったように）情熱を追求するために払っている代償が大きすぎると結論づけ、その活動から手を引くことを勧めるのか。

この本を読むことも、いくつもの面でセルフ・ディスタンシングの効果をもつ。**情熱の起源、情熱を生む要因、情熱が軌道をはずれる要因、調和的情熱をいだく方法、情熱の追**

求に伴う代償などについて知るだけでも、情熱とのつきあい方を考える助けになる。

セルフ・ディスタンシングは、自分自身から、そしてみずからの置かれた状況から距離を置き、視野を少しでも広げることにより、自己認識をいだく後押しになる。情熱に押し流されそうな状況でも、理性的な思考をつかさどる脳の部位が中心的な役割を果たす道を開くのだ。しかし、セルフ・ディスタンシングにより視野をいくらか広げるだけでなく、視野を大幅に広げることはできないのか。

2　ものごとの全体像を見る

宇宙空間から地球を見た宇宙飛行士はことごとく、視野が大きく広がる。宇宙飛行士たちは、自分の周囲の狭い世界だけが「世界」ではないと気づき、時間の概念やみずからの業績など、あらゆることに対する見方が変わったと語る。そうした明晰な思考と深い理解は、地球にいてはなかなか得られないものだ。

宇宙空間を1億キロ以上旅し、地球を2842周した経験をもつアメリカの宇宙飛行士ロナルド・ギャレンは、これを「軌道からの視点」と呼ぶ。[*注9] 科学の世界では、「オーバービュー（概観）効果」という言葉が用いられる。宇宙飛行士のなかには、宇宙飛行中に、と

くに軌道上から地球を見たとき、ものの見方が変わったと語る人が少なくない。[*注10]

情熱を追求している人は、これとは正反対の視点でものごとを見ていることが多い。視野が狭まり、ものの見方や考え方、感じ方が情熱に支配されてしまう。このように狭い領域だけ見て生きる結果として、トライアスロンの世界選手権で優勝したり、病気の治療法を発見したり、美しい交響曲や協奏曲を作曲したりするなど、目覚ましい成果を挙げられる場合もある。これは、第5章で論じた「クオリティ」、すなわち自分の活動と自分自身が一体になった状態だ。

しかし、ものごとの全体像が見えなくなるという弊害もある。**情熱の対象しか目に入らない人は、自分の人生を何に費やしたいかを主体的に選べなくなる**。言ってみれば、水の中の世界しか知らない魚のようになるのだ。安っぽい比喩だと感じたかもしれないが、少なくとも大げさな表現ではない。人は何かを真剣に追求すると、よくも悪くも情熱に押し流されて、思考停止状態に陥りやすくなる。だから、**自分の時間と関心とエネルギーを何に使うかを、つまり人生を何に費やすかを少しでも自分で決めたいなら、視野を広げなくてはならない。**

残念ながら、テクノロジーがよほど飛躍的に進歩しない限り、いまこの本を読んでいる人の大多数は宇宙旅行をする機会が一生訪れないだろう。それでも、宇宙に旅立つ以外にも視野を広げる方法はある。心理学の研究によれば、ギャレン宇宙飛行士が言う「軌道からの視点」をもたらすのは、宇宙空間から地球を見るという行為そのものではなく、その行為を通じてほかでは感じられないような畏敬の念をいだく経験らしい。幸い、ものごとへの畏敬の念をいだき、広い視野をもつことは、地球の外に旅立たなくてもできる。

畏敬の念とは、カリフォルニア大学バークレー校のダッチャー・ケルトナー教授（心理学）の表現を借りれば、「みずからの理解している世界にとうてい収まりきらない、巨大な存在を目の当たりにしたとき」にいだく驚嘆の感情だ。[*注11] 畏敬の念をいだくためには、宇宙空間から地球を見たり、グランドキャニオンの峡谷を見下ろしたりする必要はかならずしもないという。ケルトナーの研究によれば、もっと実践しやすいことのなかにも、多くの人に畏敬の念をもたせるものがある。[*注12]

- 大自然のなかに身を置く★。
- 日没や夜空の星や満月を見る。
- 芸術作品を見る。
- 心を揺さぶられる音楽を聞く。
- 「飛び抜けて親切な行動を見る（たとえば、ボランティア活動の現場でほかの人たちの献身的な振る舞いを見る）。

- 圧倒的な技能の持ち主がその力を発揮する場面を観察する（たとえば、レブロン・ジェームズがバスケットボールをプレーする姿や、ベット・ミドラーがブロードウェイの舞台で演技する姿を見る）。

これらはすべて、日常の常識を超越した現象に触れる活動と言える。このような経験を通じて驚きと感嘆の感情をいだいた人は、時間や空間や美への畏敬の念をもたずにいられない。心を揺さぶる作品は、人のものの見方を変える力をもっているのだ。

そうした畏敬の念をもてば、自分自身や自分の情熱の対象を見るときの視野が広がる。自分の人生と情熱の対象以外のことにも（たとえ少しの間でも）目が向くようになり、目の前の狭い世界がすべてではないことに気づく。「長い時間軸でものを考えると、自己と世界に関する認識が変わる」と、著述家のクリスタ・ティペットは著書『ビカミング・ワイズ *Becoming Wise*』で記している[*注13]。

★『わたしに会うまでの１６００キロ』（邦訳・静山社）という本を読むか、同名の映画を見るかした人は、著者のシェリル・ストレイドが母親の言葉に従い、「美しい大自然の中に身を置いた」とき、ものの見方が大きく変わったことに気づいただろう。まだこの作品に触れていない人は、ぜひ本を読むか映画を見てほしい。ストレイドの経験は、自然のなかで過ごすことにより視野が広がり、自己認識をいだける場合があるという見事な例だ。

セルフ・ディスタンシングを実践する場合と同様、人は畏敬の念をかき立てられる経験をしたとき、単に視野が広がるだけではない。情熱の追求だけにとどまらない、自分の核を成すもの――いわば真の自分――を、そして時間とエネルギーの使い方を、より客観的に評価できるようになる。そうした**明晰で客観的な認識は、情熱の追求に没頭している人にしばしば欠けているものだ。**

畏敬の念をもつことの重要性が科学的に実証されつつある一方で、残念なことに、実際に畏敬の念をいだける機会は減り続けている。そこで、そのような機会を意識的につくらなくてはならない。ケルトナーは、次のように述べている。

> 大人たちにとって、仕事や通勤に費やす時間は増える一方だが、自然のなかで過ごしたり、ほかの人と交わったりする時間は減るばかりだ。その結果、自然の驚異や美しさに目をとめたり、人々の親切な行動（これも畏敬の念を生む要素のひとつだ）を目の当たりにしたりせず、スマートフォンの画面を凝視して過ごす時間が多くなりがちだ。音楽や舞台、アートなど、芸術系のイベントに足を運ぶ人も近年は減っている。同様の傾向は、子どもたちにも見られる。学校では、美術や音楽のプログラムが廃止されたり、屋外の活動や自由活動の時間が減らされ、履

歴書に書き込めるような活動に割く時間が増やされたりしている。しかも、私たちの文化は、より個人主義的、自己陶酔的、物質主義的になり、ほかの人と結びつく機会も減ってしまった……鳥肌が立つような経験の力を軽く見てはならない。畏敬の念を生むような経験ができる機会を積極的に追い求めよう。それは、近所の木々の美しさに目を見張ることでもよいし、精巧な音楽に酔いしれることでもよい。風が水面につくる風紋に見とれたり、逆境に屈せずに頑張り続ける人の姿に感心したり、人々が日々の生活のなかで見せる気高い振る舞いに感銘を受けたりすることでもよい。[*注14]

セコイアの森を散策したり、山の頂に立って下を見下ろしたりすることほど、自分の存在の小ささと世界の大きさを思い出させてくれる経験はない。**人は畏敬の念をいだくことにより、視野が広がり、自分のエネルギーの使い方、情熱の追求の仕方、人生における大きな決断のくだし方を、より慎重に、そしてより意識的に選択できる。**

セルフ・ディスタンシングと畏敬の念がもたらす効果に関する最新の科学的研究は興味深いが、賢者たちは大昔から同じことを述べていた。約2000年前、ストア派の哲学者セネカは、「心の目で、途方もなく大きな時間の深みを見つめ、宇宙に思いを馳せよ。そして、それと比べて私たちの人生なるものがいかに短いかを考えよ」と述べていた。*注15 人はみな、この助言にもっと従ったほうがよい。

3 瞑想

自分の思考（およびそれと絡み合った感情）と距離を置く方法としては、瞑想もある。とりわけ、**マインドフルネスと呼ばれる瞑想法が有効だ。**具体的には、座ったり横になったりして、呼吸に意識を集中させる。なんらかの思考や感情が浮かび上がってきたときは、判断を加えずにそれを受け止めて――空を横切る雲のようなものと考えればよい――再び呼吸に意識を集中させる。この説明からわかるように、マインドフルネスはいたって簡単なものであると同時に、いたって難しいものでもある。

マインドフルネスの要諦は、座禅のようなリラックスした状態になることだという誤解が広まっている。確かに、そのような状態にいたることは可能だし、大半の人にとってそれは非常に心地よい経験だ。しかし、それは瞑想の本当の目的ではない。目指すべきなのは、ほかの活動をせず、呼吸に意識を集中させ、さまざまな思考や感情が去来するのに任せることだ。思考や感情が浮かんでは通り過ぎていくのを見守り、判断を加えずにそれを経験することを目指すべきなのだ。

このような瞑想を繰り返し実践すれば（1日に20分以上瞑想することが望ましい）★、1カ月も経つと（数カ月かかる場合もあるが）興味深いことが起きる。自分の思考や感情を「自己」から切り離せるようになる場合が多いのだ。自分の中のより深い部分のより賢い存在がものごとを観察しているように感じはじめる。瞑想の指導者のなかには、これを「気づき」と呼ぶ人もいる。この状態になった人は、その自己と、自分の精神が生み出すあらゆるものを切り離すことができる。それは素晴らしい経験だろう。

マインドフルネス瞑想とはどのようなものかを理解するには、テンポの速いアクション映画の登場人物になることと、その映画を見ることとの違いを想像するとよい。映画の登場人物は、ストーリーにどっぷり入り込み、そのなかで起きることにたえず反応しなくてはならない。じっくり分析する時間やゆとりなんて、ほとんどない。ひたすら突き進むほかない。一方、映画の観客は、激しいストーリーにのめり込み、自分が登場人物のひとりに

★　瞑想については、私たちの前著『PEAK PERFORMANCE　最強の成長術』で取り上げた。さらに詳しく知りたい人は、ジョン・カバットジンの『マインドフルネス　ストレス低減法』（邦訳・北大路書房）と『マインドフルネスを始めたいあなたへ　毎日の生活でできる瞑想』（邦訳・星和書店）、バンテ・H・グナラタナの『マインドフルネス　気づきの瞑想』（邦訳・サンガ）を参照してほしい。

なったように感じる場合もあるが、それでも自分がある程度は安全だと思えて、慎重にものを考えられる。自分はただ見ているだけだとわかっているからだ。

瞑想をおこなうと、いわば映画のストーリーの外に出て、遠くからそれを見る能力をはぐくめる。さまざまな思考と感情がつねに頭と体を駆け巡る状態から抜け出せるのだ。その能力をもってはじめて、情熱に押し流されず、次にどのような行動を取るべきかを計画的に、そしておそらくは賢明に選択できる。

偉大な瞑想指導者であるジョン・カバットジンによれば、マインドフルネスを実践することにより、「自分がどのような道を、どの方向に向かって歩いているかをはっきりと理解できるようになる……そうすれば、真の自分に対してより忠実な道を選べるかもしれない。それは、魂の道、みずからの心とともにある道、自分だけの道である」[*注16]という。

視野を広げるために有効な方法はもうひとつある。その方法は、これまで紹介してきた方法よりも威力があるかもしれない。それは、**死について考えるというものだ。**人間に与えられた時間が有限であることを自覚し、人生に何を望むかという問いにしっかり向き合うために、自分がいつか死ぬと考えることに勝る方法はない。

ときには、否応なく死について考えざるをえないケースもある。2015年、ブラッドが29歳のとき、ジムという友人が★ステージ４の悪性リンパ腫と診断された。ジムは28歳だった。この出来事がブラッドの世界を激しく揺さぶった。それまでも親しい人の死は経験していたが、それはもっと年長の人たちだった。このときは、同世代の友人が遠からず死ぬ可能性をありありと突きつけられたのだ。これにより、ブラッドは激しい悲しみに襲われただけでなく、それまでになく自分自身の死と向き合うことを余儀なくされた（ジム自身の思いは察してあまりある）。

この出来事を経て、ブラッドは文章を書くことに人生を費やしたいという思いに気づいた。書くことこそ自分が生きる原動力であり、執筆しているときに自分が最も充実感を味わえるとわかったのである。これを機に生き方を根本的に見直し、執筆の時間を増やすためにコンサルティングの仕事を大幅に減らした。そのままフルタイムでコンサルティングの仕事を続けていればもっと出世できた可能性もあったが、コンサルティングの仕事はパートタイムにしたのだ。また、あまり充実感を味わえない「趣味」の多くもやめにした。

いつか自分が死ぬのだと強く意識したことで、自分にとって何が本当に大切かに目が向きやすくなったのである（幸い、ジムはその後、病気を克服し、今後の見通しも良好だ。最近、結婚もした）。

★　この友人のプライバシーを守るために仮名にした。

人はみな、自分の死に向き合うときがいつか来るが、その日まで待つ必要はない。命の有限性についてときおり考えるようにしよう。そうしたことを嫌う人は多い。不安がこみ上げてくるからだ。だが、もっと死について考えようというのは、本書のなかでもとりわけ重要なアドバイスのひとつだ。**自分が本当に望む人生を生きたい人にとって、つねに死を強く意識することはきわめて有効な方法なのである**。

仏教の古い教えでは、5つのことを頻繁に内省すべきだとされる。この教えを実践することは、死と向き合うことと同様、広い視野を得る助けになる。週に1回、たとえば毎週金曜の夕方、1週間の仕事を終えて帰宅する途中に5分間の時間を割き、以下のことを思い返そう。

1▼私はかならず老いる。

2▼私はかならず病む。

3▼私はかならず死ぬ。

4▼私は大切に思っているものすべてと切り離される。

5▼私の唯一の財産はみずからの行動である。自分の行動という土台の上に、私は立っている。

このような内省をすることは、非常に不愉快な場合もあるだろう。しかし、その威力は途方もなく大きい。時間とエネルギーの使い方を意識的に選択し、時間が有限で最も貴重な資源であることを忘れないために、きわめて大きな効果があるのだ。

これは、毎晩ベッドに入るとき、その日の行動に満足できるようになるための取り組みと言うこともできる。翌朝に生きて目覚められる保証がないと思えば、誰もが毎日に満足することを望むだろう（実際、生きて明日を迎えられる保証は誰にもない）。あなたは、どのような人物として記憶されたいだろうか。どのような行動を通じて世界に貢献したいだろうか。

この5つの真実を噛みしめるほかには、死について論じた著作を読むのも効果的な方法だ。★ 死について考えれば、不安を感じたり、落ち着かない気持ちになったりする場合もある。それでも、死について考えずに生きることの代償はもっと大きい。ある日、残酷な告知を受け、そのときはじめて、自分が本当に生きたい人生を生きてこなかったことに気づかされかねない。

哲学者のセネカが述べているように、自分に与えられた時間がつねに減り続けていると

★ とくにおすすめしたいのは、次の3冊だ。故ポール・カラニシの『いま、希望を語ろう』（邦訳・早川書房）、故ニーナ・リッグスの『ブライト・アワー　*The Bright Hour*』、そしてトッド・メイの『死　*Death*』である。

いう揺るぎない真実をまったく意識せず、のんきに日々を送ることは簡単だ。「人生は、それがたちまち過ぎ去ってしまうという事実を大騒ぎして教えてはくれない。ただひっそり時間が過ぎていく」と、セネカは著書『生の短さについて』で記している。「その結果、どのようなことが起きるのか。あなたがほかのことに関心を奪われている隙に、人生はどんどん過ぎていく。そして、やがて死が訪れて、あなたはみずからを死に差し出すほかなくなる[＊注17]」

セネカの時代より2000年近くあと、詩人のニーナ・リッグスは、癌とともに生き、癌で死につつある日々をつづった回想録でこう記した。「回復の見込みがない病気とともに生きるのは、世にも恐ろしい奈落の上で綱渡りをするようなものだ。けれども、そのような病気を患わずに生きるのも、世にも恐ろしい奈落の上で綱渡りをするのに似ている。霧や雲が垂れ込めていて、下が深い奈落だとほんの少し気づきにくいだけだ[＊注18]」

人が経験する「自己」が永遠に存在し続けるわけではなく、ひとりひとりの人間は宇宙を漂う一粒の塵にすぎない。この点に気づくこと以上に、自己認識を高め、本当に大切にしたいことに目を向けるきっかけになる経験はない。これは、広い視野をもつことの究極の形態と言ってよい。

本章は、生涯にわたって好ましい情熱をいだき続けるために、自己認識がきわめて重要だと指摘することから出発した。情熱の虜になっている人はたいてい、ほかのことを考えるのが難しくなり、時間とエネルギーの使い方を主体的に選べなくなる。情熱をコントロールするのではなく、情熱にコントロールされてしまうのだ。そこで、情熱に押し流されて思考停止状態に陥ることを避ける必要がある。そのためのカギを握るのが自己認識だ。

では、**どうすれば自己認識をはぐくめるのか。最も有効な方法は、自己と距離を置くことだ。**頻繁にセルフ・ディスタンシングを実践すること（自分自身ではなく友人の身に起こったことだと考えたり、一人称ではなく三人称で日記を書いたり）と、意識的に視野を広げること（畏敬の念をいだく経験をしたり、瞑想したり、死について考えたり）は、情熱を追求しながらも自己認識を失わず、自分の人生を主体的に選び取るためにきわめて大きな効果がある。

情熱とのつきあい方に正解はない。人の選択は、時間が経てば変わる場合もある。★情熱の追求にすべてを捧げ続けようと決める人も多いだろう。それが意識的な選択の結果であれば、その選択をすることに問題はない。多くの場合、それは素晴らしい選択だ。調和的情熱をいだいて特定の活動に打ち込むことほど、充実感を味わえる経験はあまりない。

しかし、本章で紹介したトライアスロン選手のシリ・リンドレーのように、それまで情

★研究によれば、人は年齢を重ねるにつれて、情熱を追求することよりも、家族や長年の友人たちと過ごす時間を大切にするようになるという。

熱をそそいできた活動をやめ、人生の次の段階に進むべきだと感じる場合もある。体の衰えにより、情熱の追求を続けられなくなる場合もあるだろう。雇用主の都合や職業上の理由により、やめざるをえないケースもある。ある人を愛することに情熱をいだいていたのに、その相手が死んでしまう可能性もある。

そんなときは、どうすれば、くじけることなく円滑に、次の段階に進めるのか。第8章では、この点について論じたい。

POINT

情熱と生産的につきあうために欠かせない自己認識をはぐくむ最良の方法のひとつは、「自己」の外に出ることだ。

- いまその状況を経験しているのが自分自身ではなく友人だと仮定し、その友人にアドバイスするつもりで考えてみる。
- 大きな選択をしたときに、一人称ではなく三人称で日記を書く。そして、その文章を読み直し、書いたときの気持ちを思い出す。

自己認識をもつためのもうひとつの方法は、視野を広げることだ。

● できるだけ頻繁に、畏敬の念をいだけるような経験をする。

——大自然のなかに身を置く。
——日没や夜空の星や満月を見る。
——芸術作品を見る。
——心を揺さぶられる音楽を聞く。
——飛び抜けて親切な行動を見る。
——圧倒的な技能の持ち主がその力を発揮する場面を観察する。

瞑想をする。

死について考える。自分がいつか死ぬのだと再確認するために、折に触れて、仏教の古い教えに従って５つの内省を実践したり、死をテーマにした本を読んだりすればよい。

自己認識をもてば、
情熱に突き動かされた人生を送ることのメリットとデメリットを
客観的に評価できる。
そうした評価ができる人は、情熱とのつきあい方を
主体的に選ぶことができる。

第 8 章

情熱の対象をシフトせよ

あなただけのストーリーが
あれば怖くない

本人がそれを望んでいない場合はもとより、本人がそれを望んでいる場合も、情熱を燃やしていた活動や人物から離れることは簡単ではない。**情熱の追求がもたらす外的な成果や評価と自我を切り離すことはできても、情熱そのものと自我を切り離すことはきわめて難しい。**

第5章で述べたように、熟達思考の持ち主がいだく情熱は、「動詞」（何をするか）ではなく「名詞」（何者であるか）の性格をもつ場合が多い。このタイプの人たちは、単に文章を書く人ではなく「作家」として、単に走る人ではなく「ランナー」として、そして単に誰かを愛している人ではなく「愛する人」として生きる。自我を失わずに情熱の追求をやめることなど不可能にも思える。

実際、それは難しい。たとえみずからが望んだ選択だったとしても、情熱の追求をやめた人は、抑鬱状態になったり、薬物やアルコールやギャンブルなどへの破滅的な依存症になったりする場合が多い。これは、夫を失って間もない女性にも、レースシューズを脱ぐ決断をした元オリンピック選手や、アトリエを閉めた画家にも起きることだ。

こうした人たちは二重の打撃を被る。まず、自分を自分たらしめている要素の大部分を失う。しかも、強烈な情熱（すでに述べたように、それは根強い生物学的・心理学的メカニズムにより生まれるものだ）をそそぐ対象も失うのだ。

情熱の喪失がもたらすもの

アビー・ワンバックは、アメリカのサッカー史上最高のプレーヤーだったと言っても過言でない。ワンバックにとって、サッカーは単なるスポーツにとどまらなかった。怒りと不安のはけ口でもあったのだ。

少女時代は、いつも5人のきょうだいの間で両親の関心を奪い合う日々だった。また、同性愛者として過酷な人生を生きてもいた。悲しいことに、前章で紹介したシリ・リンドレーもそうだったように、若い同性愛者はとくに、まわりの人たちが自分を受け入れてくれるか不安をいだく。思春期の頃のワンバックは、自我がきわめて脆弱な状態にあった。

それでも、彼女にはスポーツがあった。「アスリートであることが私の唯一の真の自我だった。アスリートであることは、人生のほかの要素をすべて合わせたよりも大きな意味をもっていた」と、回想録『フォワード　*Forward*』で記している。[*注1]

リンドレーがトライアスロンにひたすら打ち込んだように、ワンバックは人生のすべてをサッカーに捧げた。しかし、30代半ばになると、肉体が限界に達した。多くの偉大なスポーツ選手が経験してきたことだが、昔はどうにか対処できていた故障や慢性的な症状に対処できなくなりはじめたのだ。深く愛し続けた競技の一線から退くほかなかった。

もっとも、それは簡単なことではなかった。ギャンブルやアルコールや薬物に溺れた。「現役時代はプレーするために（さまざまな痛み止めを）飲んでいたけれど、日々を生きるためにそれを常用するようになった」と、回想録で打ち明けている。「引退はとうていバラ色の経験ではない……人生の新しい段階への移行は、言われている以上につらい体験だった」[*注2]

オリンピックで多くのメダルを獲得した同世代の男子競泳選手マイケル・フェルプスも、よく似た経験をしている。フェルプスも過酷な子ども時代を送った経験の持ち主で、最初に競技を引退しようとしたときは、ギャンブルとアルコールと薬物への依存などの破滅的行動に走った。**自我の安定がそこなわれ、同時に人生の基盤も失われれば、激しい混乱に陥るのも不思議でない。**

しかし、**情熱の追求をやめた人がすべて激しい痛みを経験するとは限らない。もっと好ましい形で前に進める人もいる。**そうした人たちも、寂しさを感じないわけではない。情熱を追求する人生に戻りたいと思うときもある。それでも、この人たちは喪失感や情熱への欲求に振り回されていない。

マーケティングの世界でカリスマ的な存在であるクリス・ルケジックの例を紹介しよ

う。ルケジックはプロの陸上中距離選手としてのキャリアを踏み出した頃、10代のときから愛してやまない活動で栄光を手にすることを目指し、トップ選手として世界を飛び回って戦っていた。世界室内陸上競技選手権で7位に入ったこともあった。しかし、そのわずか数年後、まだトップ選手のひとりだったにもかかわらず、引退を表明した。26歳のときのことだ。

この決断は、陸上競技界に大きな衝撃を与えた。どうして、スポンサー契約も獲得しているトップ選手がこんなに若くして引退するのか。トレーニングをしすぎたのか。燃え尽きてしまったのか。

そのどちらでもなかった。10年前に陸上競技を始めたときと同じことをしただけだった。それは、本書でこれまで推奨してきた行動でもある。みずからの関心に従って行動したのだ。当時の決断を振り返って、ルケジックはこう述べている。「私の関心は、いつも数え切れないほど多くのものごとに引きつけられてきた。走ることが唯一の関心事だったことは一度もない。ただし、それは私が長く続けた唯一の活動だった。しかも、それにすべてを捧げていた」

それでも、プロとしての競技生活に終止符を打つに当たり、つらい気持ちは感じなかった。競技に打ち込んだ日々のことを後悔しておらず、新しい挑戦にも同じように努力を傾けたいと考えていた。もちろん、うしろ髪を引かれる思いもあったが、人生の次の段階に進む時期が来たのだと理解していた。

　当時、陸上競技情報サイトの「レッツラン・ドット・コム」にこう述べている。「私にとってモンド社製の陸上競技トラックは、ティーンエージャーの男の子が夢中になるセクシーな女性モデルのような存在だった。シンディ・クロフォードみたいなスーパーモデルに憧れる男の子は、やがて自分との年齢差に気づいて気持ちが冷めていく。そのように、私が何にのめり込むかは、時間が経つにつれて変わり続けてきた」

　引退表明の2カ月前、ルケジックはある新興企業に熱烈な手紙を送った。その会社に興味をもったのは、そのときの自分の関心事に関わるビジネスをおこなっていたからだ。その関心事とは旅行である。手紙には、その新興企業の若いチームに加わりたいという熱意をしたためた。「(貴社は) 私たちがバーチャルとローカルとグローバルなレベルでコミュニティの概念を問い直すきっかけを与えるでしょう……貴社は旅行という活動に、真に人間的な要素を注入しました」

　引退の意向を明らかにしたときは、さんざん笑い者にされた。あるオンライン掲示板への匿名の書き込みには、こう書かれていた。「1995年みたいな古臭いウェブサイトをもっている会社に就職するためにすべてを捨てるなんて、ばかげた選択に思える」

幸い、ルケジックはこうした声に耳を貸さなかった。自分の関心に従い、主体的に決断をくだし、陸上選手としての自分を捨てることを選んだ。そして、それまで競技に傾けていたエネルギーと強い意志を、新しい活動にすべて捧げることにした。2009年、ルケジックは人生の新しい一歩を踏み出し、民泊仲介サイトのエアビーアンドビーに6番目の社員として加わった。

自分のストーリーを書く

ルケジックのように、**生産的な形で情熱の追求をやめられた人に共通するのは、自分自身について自分に語るストーリーをつねにみずから紡いでいることだ。**人はそうした自分の内なる物語を通じて、世界を観察し、世界を理解し、世界に対処する。そのストーリーをどのように形づくるかが、好ましい形で情熱を手放せるかどうかのカギを握っている。

1960年代、のちのノーベル生理学・医学賞受賞者である神経心理学者のロジャー・スペリーが、重度のてんかんを治療するために脳梁を切断した人たちに関する研究を始めた（この処置は、当時よく用いられていたてんかん治療法だった）。脳梁は、左右の大脳半球をつなぐ神経線維の束だ。この部位は、分析機能を担う左半球とそうした機能の乏しい右半球がコミュニケーションを取るための懸け橋の役割を果たしている。脳梁が切断されれば、左右の大脳半球の間のコミュニケーションが遮断されてしまう。

スペリーの実験では、脳梁切断の処置を受けた人たちの右視野もしくは左視野に、さまざまな動作を指示するカードを見せた。指示の内容は、「歩け」「絵を描け」「座れ」といったことだ。人間の神経の仕組みは、左視野で見た情報は右半球で処理し、右視野で見た情報は左半球で処理するようにできている。スペリーが左視野にカードを示した場合（つまり右半球にその情報を処理させた場合）、実験参加者たちは指示どおりの行動を取りはしたが、なぜその行動を取るのかを説明できなかった。右半球はものごとを理性的に理解する能力が乏しいからだ。右半球は、主として体に動作を指示し、感情を処理する役割を担っている。

興味深いのは、そうした実験参加者たちがことごとく、自分が歩いたり、絵を描いたり、座ったりする理由を説明するストーリーをつくり上げたことだ。左視野に「歩け」という指示を示されて、そのとおりに歩いた人は、脚を動かしたかったからとか、水を取りに行きたかったからとか、もっと運動するように夫や妻から言われているからなどと理由を説明した。自分ではなぜ歩くのかわかっていないのに、歩くことを正当化するストーリーをでっち上げたのだ。もし自分が歩いた本当の理由がわかっていれば、カードを見せられたからだと答えたはずだ。

その後の研究では、人がいだく感情に関しても、同様の現象が見られている。左視野に悲しい絵を見せられた実験参加者は、自分が悲しく感じる理由をつくり上げたのだ。

スペリーの研究は、人間にとってストーリーがいかに重要かを浮き彫りにした。人はストーリーを創作せずには、何かをしたり、何かを感じたりできない。**人間という生き物ならではの特徴のひとつは、人生の意味を理解するためにストーリーをつくり上げることだ。**そのようなストーリーがなければ、人は迷子になったような気分になる。[*注3]

ポジティブな面に目を向ける

スペリーの研究から約半世紀経って、さらに新しくわかってきたことがある。**人がつくり上げるストーリーは、行動や感情を事後に説明するだけでなく、将来の（あるいは現在進行中の）行動や感情にも影響を与えるのだ。**

スタンフォード大学のキャロル・ドウェック教授の研究によれば、自分が成功したり失敗したりした理由を説明する心の中のストーリーを変えれば、学業成績にも影響が及ぶという。「固定的」なストーリーをみずからに語りかけていた学生が、「成長的」なストーリーに転換すると、学習に対する姿勢、つぎ込む努力の量、さらには成績も改善した。固定的なストーリーとは、「私の知性のレベルは、生まれつき決まっている。それを変えることはできない」といったものだ。それに対し、成長的なストーリーとは、「人間の脳は成長できる。しっかり訓練を積み、勤勉に努力すれば、次第に知性が高まる」といったものである。内面のストーリーを変えた学生たちは、そのストーリーに合わせて自分自身も変わったのだ。[*注4]

研究によると、内面のストーリーの影響をとりわけ強く受けるのがレジリエンス（再起力）の強さだ。ミシガン大学精神医学部と同大学の包括抑鬱センターによる２０１５年の研究では、紛争地帯に派遣された軍人の配偶者について調べた。研究開始時点で、配偶者の派遣に関して多くの調査対象者がいだいていた内面のストーリーは、否定的な思考に支配されていた。無力感に苛まれたり、途方に暮れたり、見捨てられていると感じたりしていたのだ。鬱症状を示す人も多かった。この人たちは2カ月かけて、より肯定的なストーリーに転換するためのカウンセリングを受けた。希望や自己有能感、見捨てられていないという思いをいだけるようにするのが狙いだった。

するとその1カ月後、**内面のストーリーを書き換えた人たちは、鬱症状を訴える割合が減り、手厚い支援を受けられるようになり、人生への満足感全般も高まった。**[*注5] 配偶者が紛争地帯に派遣されているという事実はまったく変わっていない。変わったのは、その事実について自分自身に語るストーリーだった。

マーティン・ルーサー・キング牧師とともに非暴力抵抗運動の考え方を形づくった公民権活動家のビンセント・ハーディングは、こう述べている。「私たちの内面の奥深くには、ストーリーを欲する性質が組み込まれている……人はストーリーなしには、自分のために人間らしく生きることができない[*注6]」

情熱の追求をやめようとする人は、自分のストーリーを自分でコントロールすることが重要だ。そのストーリーは、情熱の追求だけが生きがいと自分らしさの源泉だと位置づける内容であってはならない。といっても、情熱をそそいできた活動をきれいさっぱり忘れろと言うのではない。それまで情熱を追求してきたことを通じて自分がどのように変わったかを理解し、その要素も前向きに織り込んでストーリーを紡ぐのだ。そのストーリーはつねに新たな展開を見せ続け、いわば新しい章が書き加えられる余地があるものでなくてはならない。

カギを握るのは「前向きに」という点だ。前出の研究における軍人の配偶者たちが当初そうだったように、否定的な側面にだけ目を奪われてはならない。情熱の追求をやめたときに失ったもののことばかり考えることは避けるべきだ。それよりも、肯定的な要素に目を向けたほうがよい。**情熱の追求によって得たものを思い返そう。情熱の原動力だった資質を今後は別のことに活用できるのだと考えてみよう。情熱の追求をやめたあとも自分に生きがいを与えてくれているものを意識しよう。**

以下に挙げる例は極端に単純化したものだが、否定的なアプローチと肯定的なアプローチの違いがよくわかるだろう。

否定的　「エリートアスリートとしてのキャリアは終わった。これまで競技以外は何もしてこなかった。これからどうすればよいのか」

肯定的　「スポーツを通じて強烈な競争心がはぐくまれた。つらいことを楽しめるようにもなった。この2つの財産を活用して、新興企業で働いたり、スポーツのコーチになったりできるかもしれない」

否定的　「40年間連れ添った妻が死んだ。これからどうやって生きていけばよいのか。何を生きがいにすればよいのか。私の人生はもうおしまいだ」

肯定的　「妻の死は本当に悲しい。けれども、2人で過ごした日々への感謝は一生忘れない。このつらい時期に私を支えて、ずっと私を愛してくれる友人や家族がいる。

そうした人たちのなかに、妻はずっと生き続ける」

否定的「私の立ち上げた会社が破綻した。今後、私の事業に投資する人はいないだろう。仕事が生きがいだったのに、すべてが終わった」

肯定的「私の立ち上げた会社が破綻した。でも、その経験を通じて多くの貴重な教訓を学んだ。そうした教訓は、今後の人生のあらゆる面で役立つだろう。会社の破綻は、自分がどのような人生を生きたいのかをあらためて考え、家族と過ごす時間をもっと増やす機会にもなるだろう」

ただし、誤解しないでほしい。妄想をいだけとか、自分に嘘をつけというのではない。過度な楽観は、長い目で見て幸福や健康につながらない。情熱の追求をやめれば、痛みや悲しみを感じるのが当然だ。

根拠のない楽観をいだくのではなく、意識的な選択を通じて、ストーリーという形で情熱の好ましい側面を記憶に刻み込むことを勧めたい。その記憶をいだき続け、それを将来に生かすのだ。その恩恵は、そのとき気分がよくなることだけではない。もっと重要なのは、充実感をもたらせる新しい活動を見つけやすくなることだ。

前出のドウェックの実験に参加した学生たちが経験したように、否定的で固定的なストーリーから脱却し、肯定的で未来志向で柔軟性のあるストーリーに転換することの利点は大きい。視野が広がり、人生に喜びと充実感をもたらす新たな活動を見つけられる可能性が高まるのである。

それまで情熱を追求してきたなかで最も好きだったのがどの要素だったのか、その活動を通じてどのようなスキルや能力を身につけたのか、そして、どのような新しい経験を追求したいのかを把握しよう。そうすれば、人生の次の段階で自分に満足感を与えてくれるものが見つかりやすくなる。そのとき、あなたは情熱そのものを捨てるのではなく、あるひとつの情熱を卒業するだけと言えるだろう。

情熱の追求をやめようとする人を支援するために、さまざまな取り組みがなされている。専門家によるカウンセリングや、オリンピック選手向けの「スポーツからの離脱」に関する講習、そして友人によるアドバイスなどだ。しかし、善意によるものとはいえ、この種の取り組みの大半は、どのように行動すべきかを教えることに終始している。「すぐに仕事を探しなさい」「ボランティア活動をしなさい」「旅行しなさい」「友達と過ごしなさい」などと言われる。

それよりもはるかに効果的なのは、本人が自分だけの前向きなストーリーをつくることだ。協力的な環境やコミュニティのなかでそれができれば、好ましい結果が期待できる。

情熱の追求をやめるとき、それによる空白を埋めるために、すぐに新しいものごとや人物に向かいたいという誘惑に駆られるかもしれない。しかし、**いったん立ち止まり、少し時間を空けたほうが好ましい結果になる場合が多い**。その期間に、それまで追いかけていた情熱の対象のどの要素が好きだったのか、どの点を最も恋しく感じそうか、自分の人生のストーリーをどのようなものにしたいかを考えるのだ。

時間をかける

このような移行期には、どうしても不確実な要素が多くなる。それは心地よい経験ではないかもしれないが、自分の内面を見つめ、自分の未来を形づくるための重要な試行錯誤の期間になりうる。**時間を取って、自分を見つめ直そう**。そうすれば、正式な移行支援プログラムが終了し、素晴らしいアドバイスをしてくれる友人たちがそれぞれの生活に戻っていったあとも、自分の状況に沿った有益な手引きを得られる。迷子になったような気持ちを味わわずに済むだろう。

女子サッカーのアビー・ワンバックは引退後、飲酒運転で逮捕されるなど、どん底の日々を送ったあと、自分が迷子のようになってしまったことに気づき、自分のストーリーを取り戻したいと考えた。それができるかどうかに、大げさでなく人生がかかっていた。

ワンバックは回想録『フォワード』で、ある友人から教わった比喩を紹介している。それは、人生における移行と引退の難しさを表現した比喩だ。「空中ブランコの曲芸師には、いろいろな意味で目を見張らされる」と、その友人は言った。「曲芸師はまずブランコのバーをしっかり握るが、次に飛び移るためには、それまでつかんでいたバーを離さなくてはならない。空中ブランコが華麗で美しく、勇敢で力強いのは、飛び移る際に空中で披露する宙返りなどの曲芸が理由だ。飛び移る途中の段階で魅力が生まれる。最初のバーを手放す勇気を奮い起こせれば、素晴らしい見せ場をつくることができる」[*注7]

ワンバックはまだ次のバーに飛び移れていないが、それでも前に進んでいる。フランスに旅行したときの経験を回想録で紹介している。旅行中に、ある女性から声をかけられた。「アビー・ワンバックさんですか。サッカー選手の?」。そう言われて、鼻が高い思いだった。フランスでも声をかけられるなんて! そうですと、ワンバックは認めた。そう言ってから、思い直した。私はもうサッカー選手ではないのだ、と。

けれども、その女性の言うとおりなのかもしれないと、すぐに思った。「確かに、いまはもうプレーしていない。でも、サッカーが自分という人間の一部であることは、今後も変わらない。サッカーは私の人生から切り離せない要素なのだ。それがなかったことにはならないのは、ほかの肩書をいずれもなかったことにできないのと同じことだ。イカサマ師、反逆者、妻、活動家、依存症患者、転落者、そして人間……私がもってきた肩書すべてについて、それが言える。これらの要素は今後もなくならない。すべて私の心に深く刻まれている。それは、新しい肩書をもつようになっても変わらない。次がどのような肩書になるかは、まだわからないけれど[*注8]」

ワンバックの経験は、著者のひとり（スティーブ）にとってとりわけ身につまされるものだ。スティーブは14歳の頃から、自分を陸上選手と位置づけていた。単に陸上競技に打ち込んでいただけではない。まわりの人たちからも陸上選手と見られていたのだ。スティーブという存在は、みずからの意識の中でも、周囲の見る目の中でも、走ることと密接に結びついていた。その大きな理由は、陸上競技がとても得意だったことにあった。

陸上競技と自我の結びつきがいっそう強まったのは、18歳のときだった。この年、1600メートルのレースで4分01秒という記録を叩き出した。これは、アメリカの高校生記録で歴代6位（当時）の好成績だった。この241秒のレースにより、生涯にわたって陸上選手として認識されることが決まったように思えた。

最初のうちは、それをとくに大きな問題とは感じていなかった。自分の成績に満足していたし、膨大な努力が報われて脚光を浴びている状態を楽しんでいた。しかし、期待どおりに成績を伸ばせない日々が続くようになると、陸上選手という「自分像」が重荷になりはじめた。

どこへ行っても、陸上選手として、とりわけ1600メートルを4分01秒で走った男として紹介された。この2つの事実がおでこに刻印されているかのようだった。競技で好成績を挙げても、自分が行き詰まっているように感じはじめた。しまいには、競技に参加することがいやになった。純粋に楽しみのためだけの試合に出ることも気が進まなくなった。大会に参加すれば、誰かがかならず、陸上選手という唯一の自分像を、そして高校時代から記録を伸ばせていないという事実を思い出させたからだ。

過去の成績に言及されるたびに、不安感と恐怖感がこみ上げてきた。いますぐにどこかへ逃げ出したいという思いに駆られた。陸上選手という自分像が両肩と精神に重くのしかかりはじめた。少なくとも本人の頭の中では、その自分像にふさわしい成績はけっして挙げられないと思えたからだ。輝かしい記録を誇りに感じるのではなく、恥辱の源泉と感じるようになった。過去の好記録は、自分自身の、そしてもっと厄介なことに、ほかの人たちの期待に見合った成績を挙げられずにいるという現実を突きつけるものに思えた。

その後、年齢を重ねて、競技生活からほかの分野へ、コーチングや執筆などへの移行を目指すようになっても、自分がいだく自己像に折り合いをつけるまでに長い年数を要した。特定のひとつの時点やひとつの活動によって、自分がどのような人間かが決まるわけではないと気づくためには、内面のストーリーを積極的に書き換えることが不可欠だった。陸上トラックを速く走ること以外にも、自分には世界に貢献できる能力やスキルがいくつもあると知る必要があった。

ところが、陸上競技以外の分野で名前が売れてくると、再び過度に単純化された自分像を押しつけられはじめた。「陸上選手」の代わりに、今度は「コーチ」「科学者」「著述家」といった肩書で見られるようになったのだ。それがどのような肩書にせよ、決めつけが生まれるプロセスは同じだった。

スティーブが学んだのは、どんな肩書で見られても、受け入れて慣れるほかないということだった。しかしその一方で、**自分の真の自我が単純に説明できるものではないと認識することの大切さも学んだ。どんなに素晴らしい成功や悲惨極まる失敗を経験しても、その自我が奪い取られることはけっしてないのだ。**

将来を嘱望された若き天才ランナーが期待に応えられないまま終わった——このような

思いをようやく完全に払拭できたのは、２０１７年。4分01秒という１６００メートルのテキサス州高校生記録を樹立した14年後のことだった。この年、サム・ウォーレーという高校生に記録を塗り替えられたのだ。

　自分でも意外だったのだが、悲しいとはまったく感じなかった。それ以上に驚くべきなのは、家族と筋金入りの陸上競技ファンを別にすれば、記録を更新されたことに気づいた人は誰もいなかった。このとき、はっきりわかった。挫折したランナーという自分像を自分でつくり上げ、周囲からもそのような目で見られていると考えすぎていた面が大きかったのだ。

　高校時代の栄光を覚えているごく一部の人たちは、スティーブのことを陸上選手、１６００メートルを4分01秒で走った男、転落した神童として記憶しているかもしれない。しかし、それ以外の人たちには、陸上競技のコーチとしか思われていない。この本を読んでいる読者には、本の著者としか思われていないかもしれない。

　言い換えれば、**人がいだく自分像は、その人がほかの人たちの頭の中について思っていることと、ほかの人たちがその人について思っていることによって形づくられる。**外の世界は、つねにこちらをなんらかの枠にはめて見る。それに関しては手の打ちようがない。しかし、自分が自分自身をどう見るかは、自分でコントロールできる。

自分という人間についてどのようなストーリーを自分自身に語るかによって、自分がどのような人間になるかが決まる。忘れてはならないのは、このストーリーが人生の最期の日まで進行し続けるということだ。生涯を通じて、つねにストーリーが変化し続ける。深く根を張った過去の自分像から脱却し、別の新しい自分像に移行することは、簡単ではないかもしれないが、ほぼ誰にでもできる。

しかし、なかにはそれができない人もいる。そのような人たちについて検討することにより、内面のストーリーがいかに重要かが見えてくる。以下では、そうした人たちの状況を見てみたい。

POINT

情熱の追求をやめるうえでは、どのような内面の物語をつくるか、言い換えれば、自分自身についてどのようなストーリーをみずからに語るかが重要な意味をもつ。

その際は、それまで追求していた情熱が

人生で大きな意味をもっていたことを否定したり、
その事実から目を背けたりするべきではない。
それよりも、その事実をしっかり認識し、情熱の追求を通じて
学んだ教訓や経験を次の新しい活動に生かそう。

次の活動に素早く移行しようとせず、
いくらか時間とスペースを確保して、
それまでの活動を振り返り、
それが自分の人生に与えた影響を考えるとよい。

活動の中身は変わっても、
情熱を土台を成した人格的な要素は変わらない。
人生の次の段階でも、それを生かそう。

学校に通う子どもたちはほぼ例外なく、同じ難題に直面する。定期テストのときに、それまで数カ月間に学んだ内容をすべて思い出せなくてはならない。第二次世界大戦で連合軍がノルマンディーに上陸した日付や、元素の周期表、チャールズ・ディケンズの小説『二都物語』の第3章の内容などを頭に叩き込む必要がある。テスト前に一夜漬けで勉強する世界中のティーンエージャーたちは、一瞬ですべてを頭に焼きつける完璧な記憶力と、頭の中をグーグル検索するみたいに情報を瞬時に取り出す能力があればよいのにと願う。実は、それができる人たちがいる。

超記憶症候群（「非常に優れた自伝的記憶＝ＨＳＡＭ」とも呼ばれる）は、そうした完璧な記憶の一種だ。ＨＳＡＭの持ち主は、過去に経験した出来事を細部にいたるまで正確に思い出す能力が飛び抜けている。

あなたは、テレビドラマ『フレンズ』の第6シーズン第3話の内容を覚えているだろうか。1993年の真夏におこなわれた大リーグのサンフランシスコ・ジャイアンツ対ヒューストン・アストロズ戦のスコアを思い出せるだろうか。ジョナサン・フランゼンの小説『コレクションズ』の登場人物の名前を全員言えるだろうか。ＨＳＡＭの持ち主は、なんらかの形でその出来事を経験してさえいれば（それを見たり、読んだり、聞いたり、あるいはみずから参加したりしていれば）、きわめて正確に思い出せる。

あるＨＳＡＭの持ち主は、子どもの頃に書いた日記帳をほとんどなくしてしまった。しかし、この人物は日記の内容をすべて再度文章にできた。何十年も経っているのに、子どもの頃に考えていたことを完全に思い出せたのだ。並外れた記憶力と言ってよいだろう。ＨＳＡＭに大きな恩恵があることは言うまでもない。雑学コンテストは楽々と優勝できるし、丸暗記で切り抜けられる試験ならいつも楽勝だ。あらゆることをきわめて正確に思い出せ、ごく些細な違いにもすぐに気づける能力は、さまざまな職種で強みになる。だが、悪材料もある。

たとえば、過去の恋愛の痛手を乗り越えられなかったりする。一般的に、恋人と破局した瞬間、人はそれまでの関係について自分自身に語るストーリーをコントロールしはじめる。ほんの数日前まで夢中になっていた相手が――その人物と結婚するつもりだと友人や家族に話していた場合もあるかもしれない――突如として軽蔑すべき人間に変わる。少なくとも、自分の人生にその人物がいないほうが好ましいと考えるようになる。

元恋人の短所を詳細に思い出し、その人物が自分にふさわしい相手ではない理由を数え上げ、（いまにして思えば）ひどい仕打ちを受けたと考える。ときには、その人物を自分の人生から完全に抹消しようとする場合もある。頭の中から消し去ったり、文字どおりフェイスブックの友達リストからはずしたり、写真のアルバムから取り除いたりするのだ。恋人と破局したあとで前に進めるかどうかは、自分のストーリーを変えられるかどうかにかかっている面が大きい。

最近、人気ラジオ番組『ジス・アメリカン・ライフ』で、ＨＳＡＭの持ち主であるジル・プライスという女性が語った破局の経験は、それとはまったく異なるものだった。[*注9] 映画だったり、プレゼントの花だったり、ロマンチックなディナーだったり、元恋人と一緒に過ごした経験は、いまでもその時点と同じくらいはっきり覚えている。かなりの年数が経っても、細部まで詳細にありありと思い出せるため、記憶がよみがえるたびに、その出来事を再体験する羽目になる。

ジルは自分を騙すことができず、過酷な現実の中で生きなくてはならない。元恋人が最悪の男だったと、自分に思い込ませることができないのだ。その人物の悪い側面をことさら強調し、好ましい側面だけ忘れる能力をもっておらず、言ってみれば未編集版の現実をつねに見せつけられている。人生の次の段階に進むために、自分のストーリーを変えて、都合よく自分の経験を位置づけ直すことができないのである。

ＨＳＡＭの人たちの経験を通じて、人がみずからのストーリーをコントロールできない場合に何が起きるかを垣間見ることができる。そのストーリーを編集できず、過去に起きたことに関してひとつの解釈しかもてないのは、あまりに苦しい。

映画プロデューサーが歴史上の人物、たとえば第16代アメリカ大統領のエイブラハム・リンカーンの伝記映画をつくりたいと考えたとしよう。選択肢は2つだ。ひとつは、リンカーンの実際の人生を細部まで再現した脚本に従うという選択肢。ストーリーの本筋に関係ない細かな描写も、圧縮したり割愛したりすることはいっさい許されない。このような映画をつくれば、完成した作品は何時間にも上る超大作になる。間延びした内容になり、興行的成功は期待できない。

もうひとつの選択肢は、プロデューサーが創造性を発揮することが許されるパターンだ。リンカーンの人生の本質的な部分を忠実に再現しつつ、ストーリーが滑らかに進むように話を整理することができる。ありきたりな要素は割愛し、強調したい要素を描けばよい。この場合は、2時間のメリハリの利いた映画をつくり、力強いメッセージを届けやすい。

お察しのように、HSAMの人にはこの第一の選択肢しかない。過去の経験や感情の細部をなかったことにできないのだ。それと異なり、大半の人は、自分の人生に都合よく自分のストーリーを編集できる。人は人生の多くの局面で、自分の人生の物語を映画監督のように編集し、つらい記憶をやわらげることにより、試練を乗り越えているのだ。

あなたの自分像を形づくる要素のなかで、情熱の対象よりも強力なものはひとつしかない。それは、あなたが自分自身についてみずからに語る内面のストーリーだ。 そのストーリーをどのように紡ぐかによって、情熱の追求をやめるときにどのように感じ、どのように行動するかが決まる面が大きい。

これは勇気づけられる話だ。自分のストーリーを自分でコントロールできれば、自分の人生をコントロールできる。アビー・ワンバックも気づいていたように、重要なのは「中間」だ。**古い情熱から新しい情熱へ移行する途中の段階が重要というだけではない。過去の情熱への向き合い方に関しても、「中間」のアプローチを取るべきだ。** 過去に追求していた情熱の対象が自我のすべてであり続けることは健全でないが、その情熱が自分という人間を形づくったことを全面的に否定するのも健全ではない。多くの場合、最もよい道は中間の道なのだ。

自分のストーリーを自分でコントロールできれば、自分の人生をコントロールできる。しかし、熟達思考をいだくことや自己認識を磨くことと同様、自分の人生のストーリーを自分で書くことも、自然にはできるようにならない。

情熱の追求をやめると、どうしても負の感情にのみ込まれて、手近なもので心の空白を埋めたくなる。生産的な情熱の持ち主だった人が情熱の追求をやめたとき、自己破壊的な依存症状態に陥るケースが多いのは、これが理由だ。しかし、そのような傾向があると知れば、その落とし穴にはまらないように主体的に対策を講じられる。

　少し立ち止まって時間とスペースを確保し、自分がどのような人生のストーリーを書きたいかをじっくり考えよう。そのストーリーは、情熱の話だけで終わってはならない。情熱を追いかけることを通じて得た経験と、それを突き動かした自分の性格的要素を、次の活動に生かすような内容であるべきだ。それまでの情熱の対象を手放すだけでなく、前に進むことが必要なのだ。

　自分の内面の物語に導かれて行動することは、人間なら誰もがもっている当然の性質だ。そして、自分をどこに導く物語を紡ぐかは、自分自身で選ぶことができるのである。

おわりに——情熱をもって実りある人生を生きる

卒業式の来賓のスピーチや自己啓発書の内容が変わることは、すぐにはないだろう。「情熱を見つけろ」「情熱を追いかけろ」「情熱とともに生きろ」といったアドバイスは、今後もなくなりそうにない。

こうしたアドバイスがどのような結果をもたらすかは、その人がどのような考え方をもっていて、どのようにメッセージを受け取るかに左右される面が大きい。深く考えずに情熱を追求すれば、きわめて大きな害が生じる恐れがある。しかし、じっくり考えて情熱とつきあうことは、よい人生を生きるためのカギを握る要素になりうるのではないか。私たちが調査と取材を通じて到達したのは、このような結論だった。

注意深く情熱とつきあうために、まず理解すべきことがある。情熱それ自体は、よいものでも悪いものでもない。それは、人間の生物学的メカニズムと心理学的メカニズムに根差した強力な感情だ。また、情熱は魔法のように湧いてくるものではない。自分の関心を追いかけ、その活動に割く時間とエネルギーを少しずつ増やしていくことを通じて、はぐくむべきものなのだ。

以上の点を理解したあとは、情熱の悪しき側面について知る必要がある。恐怖に突き動かされて強迫的情熱をいだくことの落とし穴を認識し、それを避けるために注意深く行動してはじめて、情熱が実りあるものになる可能性が出てくる。

しかし、落とし穴に気をつけるだけでは十分でない。同じくらい大切なのは、手っ取り早く満足感を得ることをよしとする風潮に抵抗し、熟達思考をいだくよう努めることだ。具体的には、内面から湧き上がる意欲を失わないようにし、結果よりもプロセスを重んじ、順位よりも成長を目指し、失敗を受け入れ、忍耐力をもって行動し、目の前のことに集中する必要がある。これらの行動を実践することにより、調和的情熱（最も好ましいタイプの情熱）をいだき、特別な「クオリティ」を実現できるようになる。

ただし、調和的情熱の持ち主でも、人生のほかの領域では調和が崩れる場合がある。バランスの取れた人生を生きられるというのは、往々にして幻想でしかない。情熱の追求に没頭している人の場合は、とりわけそうだ。

情熱を追いかけている人は、人生のバランスを取ろうと努めるよりも、自己認識をもつことに努めたほうがよい。情熱に突き動かされている人は、その情熱に押し流されて思考停止状態に陥りがちだ。それを避けるための唯一の強力な手立てが、自己認識をもつことなのである。自己認識は、自己と距離を置くことによって得ることができる。自己認識をもてば、情熱にコントロールされるのではなく、自分が情熱をコントロールできる。情熱の追求がどのような代償をもたらしているかを正しく理解し、どのように生きたいかを自分で選べるのだ。

調和的情熱をもっていて、自分が情熱の追求と引き換えに何を犠牲にしているかを理解していれば、どのような選択も「間違い」ではない。間違いと言えるのは、意識的な選択をおこなう能力を失った場合だけだ。どのように情熱を追求し、その活動にどれくらいの時間とエネルギーを費やしたいかを決める際には、自分の人生のストーリーを自分で書くことがきわめて重要になる。

情熱がそのストーリーの重要な一部であってもよいが、そのすべてであってはならない。情熱の追求を土台にストーリーの新しい章を紡いだり、そこから枝分かれする新しい章をしたためたりすべきだ。あなたの人生がどのようなものになるかは、それにかかっていると言っても過言でない。

しかし、こうしたことは、卒業式のスピーチや自己啓発セミナーでは教えてくれない。切れ味鋭いキャッチフレーズで表現することが難しいからなのかもしれない。それに、全面的に前向きなメッセージと言えないことは確かだ。それでも、本書で述べたことは、人が情熱を見いだし、情熱とともに生きるためのカギを握っている。それを実践することは、難しく、不愉快で、厄介なことかもしれないが……。

情熱は、生きるためのエネルギーを生み出す素晴らしいものになる可能性がある半面、生きるエネルギーを吸い取る破滅的なものになる可能性もある。情熱は、世界を前に進める力をもっている。人々を活力と喜びで満たすことができるのだ。しかし、悲しみと抑鬱をもたらす場合もある。

情熱は、オリンピックのメダリストを生む原動力にもなれば、オリンピックで不正を働く選手を生む要因にもなる。カップルを結婚させることもあるし、結婚生活を破綻させることもある。並外れた創造性を生み出すこともあるし、有害な依存症的状態を生むこともある。情熱ほど強力な感情はほかにないと言ってもよいかもしれない。

それが恩恵を生むか災厄を生むかは、基本的にあなた自身にかかっている。

謝辞

ほかのさまざまな取り組みがそうであるように、本書の執筆もチームワークなしには実現しなかった。2人の著者が力を合わせたことは言うまでもないが、ほかにも多くの人が力になってくれた。もし読者のみなさんが本書を楽しんでくれたなら、以下の人たちへの感謝の気持ちを述べるのにおつきあいいただきたい。

まず、執筆作業を支え続け、この本を一段高いレベルに引き上げてくれた中核チームの面々にお礼を言いたい。ケイトリン・スタルバーグは、私たちの片方にとって素晴らしい妻であるだけでなく、前作に続いて私たち両方のために素晴らしい編集手腕を発揮した。ケイトリンのおかげで、この本すべてのページの記述が——そして彼女の夫が——よりよいものになった。

出版エージェントのテッド・ワインスティーンは、私たちの思考を促進し、いつも率直に意見を伝えてくれた。出版エージェントのあるべき姿と言ってよいだろう。

この本の出版を決めた編集者のマーク・ワインスティーンが執筆を勧めてくれたのは、

前著の出版から1週間も経たないときだった。マークは本書のコンセプトに意義があると信じ、私たち2人のことも信じてくれた。

担当編集者のドナ・ロフレッドにも感謝を伝えたい。草稿の第一稿が完成した直後、出版を予定していた出版社がペンギン・ランダムハウス傘下のクラウン・パブリッシンググループに買収された。正直に言うと、本書の企画がどうなってしまうのか見当もつかなかった。しかし、実際にはドナが担当することになり、私たちの期待をはるかに上回る仕事をしてくれた。本のコンセプト（と文章）に磨きをかけるよう促したのは、ドナだった。そのおかげで、より中身が濃く、より洗練されていて、より多くの知恵が詰まった本が仕上がった。ドナ、あなたは私たちにとって完璧なパートナーだ。本書と私たちがあなたと巡り合えたことをとてもうれしく思っている。

ドナ以外のクラウン社のみんなにもお礼を言わなくてはならない。ブリアン・スパーバー、コニー・カポネ、ショーナ・バリーは、本書が少しでも多くの読者に届くように奮闘した。校正を担当したアイヴィー・マクファデンとアリサ・ギャリソンは、あらゆる文法ミスを洗い出し、原稿をよりよいものにしてくれた。

初期の草稿に目を通した人たちにも感謝している。あなたたちのコメントのおかげで、文章がずいぶん改善された。ザック・ブルーム、エミリー・マグネス、ヒラリー・モンゴメリー、アラン・マクレーン、アンディ・ストーヴァー、ブライアン・バラザ、本当にありがとう。

師や友人たちの存在も忘れるわけにはいかない。あなたたちは、執筆を励ましてくれただけではない。本書のメッセージが形づくられたのは、あなたたちとのやり取りの賜物でもあった。生涯にわたる師に恵まれ、知恵とやさしさと気遣いのある仲間たちに囲まれていることは、幸運と言うほかない。ジャスティン・ボズレー、デヴィッド・エプスタイン、マリオ・フライオリ、ヴァーン・ガンベッタ、アダム・グラント、ブルース・グリアソン、ミカエラ・ホフマン、アレックス・ハッチンソン、ジョン・マーカス、ダニー・マッケイ、マイク・ジョイナー、ボブ・コッチャー、ケリー・マクゴニガル、リッチ・ロール、メリッサ・スターンには、とくに感謝の言葉を述べたい。

これまで寄稿してきた新聞や雑誌にも感謝している。アウトサイド誌（とくにブラッドの担当編集者を務めているウェスリー・ジャッドとマット・スクナージ）、ニューヨーク誌（とくにブラッドの担当編集者のメリッサ・ダール）にお礼を言いたい。本書で紹介したストーリーや知見の一部は、ブラッドが両誌に寄せた記事で最初に発表したものだ。両誌のような一流誌に寄稿する機会に恵まれていることをとても名誉に感じている。

言うまでもなく、本書で紹介した情熱的な人たちにも感謝の念に堪えない。本書に記したことすべてに気づかせてくれたのは、この人たちだ。ここで全員の名前を挙げることはできないが、とくにスティーブが指導してきたアスリートたちとブラッドがコーチングを務めてきた人たちに感謝したい。私たちは日々、この本に記したことを彼らと一緒に実践している。

最後に、家族への感謝も述べさせてほしい。私たちの家族は、情熱の追求をつねに支援してくれた。家族がいなければ、私たちは何事も成し遂げられなかった。ケイトリン・スタルバーグ、リンダ・スタルバーグ、ボブ・スタルバーグ、エリック・スタルバーグ、ロイス・スタルバーグ、ボブ・アペル、エレーヌ・アペル、ランディ・ブルーム、ボブ・ブルーム、ウィリアム・マグネス、エリザベス・マグネス、フィリップ・マグネス、エミリー・マグネス、本当にありがとう。

Schuster, 2017), 243.

第 8 章

1. A. Wambach, *Forward: A Memoir* (New York: Dey Street Books, 2016), 32.
2. 同上、161–70.
3. M. S. Gazzaniga, "The Split Brain in Man," *Scientific American* 217, no. 2 (1967): 24– 9, http://dx.doi.org/10.1038/scientificamerican0867-24.
4. C. S. Dweck, *Mindset: The New Psychology of Success* (New York: Ballantine Books, 2007). 『マインドセット―「やればできる!」の研究』(草思社)
5. M. Kees, L. S. Nerenberb, J. Bachrach, and L. A. Sommer, "Changing the Personal Narrative: A Pilot Study of a Resiliency Intervention for Military Spouses," *Contemporary Family Therapy* 37, no. 3 (September 2015): 221–31, https://doi.org/10.1007/s10591-015-9336-8.
6. Tippett, *Becoming Wise*, 52.
7. Wambach, *Forward*, 171–2.
8. 同上、228.
9. *This American Life*, episode 585, "In Defense of Ignorance," NPR, April 22, 2016, https://www.thisamericanlife.org/radio-archives/episode/585/in-defense-of-ignorance.

5. B. Stulberg, “To Navigate a Challenge, Pretend You’re Giving Advice to a Friend,” *The Cut*（blog）, *New York*, February 21, 2017.
6. I. Grossmann and E. Kross, “Exploring Solomon’s Paradox: Self-Distancing Eliminates the Self-Other Asymmetry in Wise Reasoning About Close Relationships in Younger and Older Adults,” *Psychological Science* 25, no. 8（August 2014）: 1571–80, https://doi.org/10.1177%2F0956797614535400.
7. A. Rivas, “Writing in the Third Person Helps Stressed People Understand Their Circumstances More Wisely,” *Medical Daily*, June 10, 2014, http://www.medicaldaily.com/writing-third-person-helps-stressed-people-understand-their-circumstances-more-wisely-287460.
8. Ö. Ayduk and E. Kross, “From a Distance: Implications of Spontaneous Self-Distancing for Adaptive Self-Reflection,” *Journal of Personality and Social Psychology* 98, no. 5（May 2010）: 809–29, DOI: 10.1037/a0019205.
9. R. Garan, “Seeing Earth from Space,” *Fragile Oasis*（blog）, September 26, 2013, http://www.fragileoasis.org/blog/2013/9/seeing-earth-from-space/.
10. F. White, *The Overview Effect: Space Exploration and Human Evolution*（Reston, VA: American Institute of Aeronautics and Astronautics, 1998）, 1.
11. D. Keltner, “Why Do We Feel Awe?,” *Greater Good*, May 10, 2016, http://greatergood.berkeley.edu/article/item/why_do_we_feel_awe.
12. D. Keltner and J. Haidt, “Approaching Awe, a Moral, Spiritual, and Aesthetic Emotion,” *Cognition and Emotion* 17, no. 2（2003）: 297–314, https://doi.org/10.1080/02699930302297.
13. K. Tippett, *Becoming Wise: An Inquiry into the Mystery and Art of Living*（New York: Penguin Books, 2017）, 12.
14. D. Keltner, “Why Do We Feel Awe?”
15. Seneca, *Moral Letters to Lucilius*, vol. 3, trans. R. M. Gummere（Toronto, ON: Aegitas Digital Publishing, 2015）, loc. 106, ebook.『倫理書簡集』（原典の翻訳は岩波書店など）
16. J. Kabat-Zinn, *Wherever You Go, There You Are: Mindfulness Meditation in Everyday Life*（New York: Hachette Books, 2005）, xvi.『マインドフルネス　ストレス低減法』（北大路書房）
17. Seneca, *On the Shortness of Life: Life Is Long If You Know How to Use It*, trans. C. D. N. Costa（New York: Penguin Books, 2005）, 13.『生の短さについて』（原典の翻訳は岩波文庫など）
18. N. Riggs, *The Bright Hour: A Memoir of Living and Dying*（New York: Simon &

Yorker, January 31, 2017.

6. *Becoming Warren Buffett*, directed by Peter Kunhardt; HBO Documentary Films, January 30, 2017.
7. Surowiecki, "'Becoming Warren Buffett,' The Man, Not the Investor."
8. S. Begum, "The Son Gandhi Disowned," *Manchester Evening News*, August 20, 2007.
9. Aristotle, *The Nicomachean Ethics*, ed. Lesley Brown, trans. David Ross (Oxford, UK: Oxford University Press, 2005), 190(傍点は筆者).『ニコマコス倫理学』(原典の翻訳は岩波文庫、光文社古典新訳文庫など)
10. B. Stulberg, "Shalane Flanagan on How to Achieve Peak Performance," *Outside*, February 21, 2018.
11. D. S. Ridley, P. A. Schutz, R. S. Glanz, and C. E. Weinstein, "Self-Regulated Learning: The Interactive Influence of Metacognitive Awareness and Goal-Setting," *Journal of Experimental Education* 60, no. 4 (1992): 293–306, http://dx.doi.org/10.1080/00220973.1992.9943867; S. L. Franzoi, M. H. Davis, and R. D. Young, "The Effects of Private Self-Consciousness and Perspective Taking on Satisfaction in Close Relationships," *Journal of Personality and Social Psychology* 48, no. 6 (June 1985): 1584–94; P. J. Silvia and M. E. O'Brien, "Self-Awareness and Constructive Functioning: Revisiting the Human Dilemma," *Journal of Social and Clinical Psychology* 23, no. 4 (August 2004): 475–89, DOI: 10.1521/jscp.23.4.475.40307.
12. C. R. Cloninger, "The Science of Well-Being: An Integrated Approach to Mental Health and Its Disorders," *World Psychiatry* 5, no. 2 (June 2006): 71–6.

第 7 章

1. S. Lindley, *Surfacing: From the Depths of Self-Doubt to Winning Big and Living Fearlessly* (Boulder, CO: VeloPress, 2016), 183.
2. R. Ellison, *The Invisible Man* (New York: Vintage, 1995), 103.『見えない人間』(南雲堂フェニックスなど)
3. S. Vazire and E. N. Carlson, "Others Sometimes Know Us Better Than We Know Ourselves," *Current Directions in Psychological Science* 20, no. 2 (2011): 104–8, DOI: 10.1177/0963721411402478.
4. K. Crouse, "Adam Rippon on Quiet Starvation in Men's Figure Skating," *New York Times*, February 2, 2018.

Plume, 1992), 21–3.『達人のサイエンス―真の自己成長のために』(日本教文社)
15. G. Leonard, ed., "Playing for Keeps: The Art of Mastery in Sport and Life," *Esquire*, May 1987.
16. R. M. Pirsig, *Zen and the Art of Motorcycle Maintenance* (New York: HarperTorch, 2006), 171.『禅とオートバイ修理技術』(ハヤカワ文庫)
17. M. Crawford, *Shop Class as Soulcraft* (New York: Penguin Press, 2009), 194.
18. A. de Botton, *How Proust Can Change Your Life* (New York: Pantheon, 1997).『プルーストによる人生改善法』(白水社)
19. R. Friedman, A. Fishbach, J. Förster, and L. Werth, "Attentional Priming Effects on Creativity," *Creativity Research Journal* 15, nos. 2–3 (2003): 277–86, https://doi.org/10.1080/10400419.2003.9651420.
20. A. Dijksterhuis and H. Aarts, "Goals, Attention, and (Un)consciousness," *Annual Review of Psychology* 61 (January 2010): 467–90, DOI: 10.1146/annurev.psych.093008.100445.
21. Pirsig, *Zen and the Art of Motorcycle Maintenance*, 299–310.
22. Leonard, *Mastery*, 40.
23. Fromm, *To Have or to Be?*, 117– 8.
24. F. Mullan, "A Founder of Quality Assessment Encounters a Troubled System Firsthand," *Health Affairs* 20, no. 1 (January/February 2001): 137–41, https://doi.org/10.1377/hlthaff.20.1.137.
25. T. Curran, A. P. Hill, P. R. Appleton, et al., "The Psychology of Passion: A Meta-Analytical Review of a Decade of Research on Intrapersonal Outcomes," *Motivation and Emotion* 39, no. 5 (2015): 631–55, http://dx.doi.org/10.1007/s11031-015-9503-0.

第 6 章

1. E. J. Rohn, *Leading an Inspired Life* (Chicago: Nightingale Conant, 2010).
2. George Washington University, "Demand Work-Life Balance Training," https://hr.gwu.edu.
3. B. Stulberg, "Maybe We All Need a Little Less Balance," *Well* (blog), *New York Times*, August 22, 2017.
4. L. Du, "Warren Buffett's High School Yearbook Foreshadowed His Future Career," *Business Insider*, June 6, 2012.
5. J. Surowiecki, "'Becoming Warren Buffett,' The Man, Not the Investor," *New*

3. E. B. Falk, M. B. O'Donnell, C. N. Cascio, et al., "Self-Affirmation Alters the Brain's Response to Health Messages and Subsequent Behavior Change," *PNAS* 112, no. 7（February 2015）: 1977–82; published ahead of print February 2, 2015, https://doi.org/10.1073/pnas.1500247112.

4. R. M. Rilke, *Letters to a Young Poet*（Novato, CA: New World Library）, 16.『若き詩人への手紙』（原典の翻訳は新潮文庫など）

5. W. T. Gallwey, *The Inner Game of Tennis: The Classic Guide to the Mental Side of Peak Performance*（New York: Random House, 1997）, 116–7.『新インナーゲーム』（日刊スポーツ新聞社）

6. B. Stulberg, "Big Goals Can Backfire. Olympians Show Us What to Focus on Instead," *New York*, August 3, 2016.

7. M. W. Howe, P. L. Tierney, S. G. Sandberg, et al., "Prolonged Dopamine Signalling in Striatum Signals Proximity and Value of Distant Rewards," *Nature* 500, no. 7464（August 2013）: 575–9, DOI: 10.1038/nature12475.

8. Y. Goto and A. A. Grace, "Dopaminergic Modulation of Limbic and Cortical Drive of Nucleus Accumbens in Goal-Directed Behavior," *Nature Neuroscience* 8, no. 5（May 2005）: 805–12, https://doi.org/10.1038/nn1471.

9. D. Collins, A. MacNamara, and N. McCarthy, "Super Champions, Champions, and Almosts: Important Differences and Commonalities on the Rocky Road," *Frontiers in Psychology* 6, no. 2009（January 2016）: 1–11, DOI: 10.3389/fpsyg.2015.02009.

10. Amazon SEC filing, http://phx.corporate-ir.net/phoenix.zhtml?c=97664&p=irol-SECText&TEXT=aHR0cDovL2FwaS50ZW5rd2l6YXJkLmNvbS9maWxpbmcueG1sP2lwYWdlPTk1MjIwMzgmRFNFUT0wJlNFUT0wJlNRREVTQz1TRUNUSU9OX0VOVElSRSZzdWJzaWQ9NTc%3d.

11. J. S. Moser, H. S. Schroder, C. Heeter, et al., "Mind Your Errors: Evidence for a Neural Mechanism Linking Growth Mind-Set to Adaptive Posterror Adjustments," *Psychological Science* 22, no.12（October 2011）:1484–9, DOI: 10.1177/ 0956797611419520.

12. T. D. Wilson, D. A. Reinhard, E. C. Westgate, et al., "Just Think: The Challenges of the Disengaged Mind," *Science* 345, no. 6192（July 2014）: 75–7, https://doi.org/10.1126/science.1250830.

13. G. Leonard, *The Way of Aikido: Life Lessons from an American Sensei*（New York: Plume, 2000）, 171（傍点は筆者）.

14. G. Leonard, *Mastery: The Keys to Success and Long-Term Fulfillment*（New York:

9. Epictetus, *Discourses and Selected Writings*, ed. R. Dobbin (New York: Penguin Classics, 2008), 175.
10. E. Fromm, *To Have or to Be?* (New York: Harper & Row, 1976), 63.『生きるということ』(紀伊國屋書店)
11. D. Whyte, *The Three Marriages: Reimagining Work, Self and Relationship* (New York: Riverhead Books, 2010), 155.
12. A. Wilson and L. Potwarka, "Exploring Relationships Between Passion and Attitudes Toward Performance-Enhancing Drugs in Canadian Collegiate Sports Contexts," *Journal of Intercollegiate Sport* 8, no. 2 (December 2015): 227–46, https://doi.org/10.1123/jis.2014-0093.
13. World Anti-Doping Agency, "Death for Performance— What would athletes trade-off for success?," https://www.wada-ama.org/sites/default/files/resources/files/connor_project_summary.pdf.
14. D. Schawbel, "Alex Rodriguez: What Most People Don't Know About Being a Top Athlete," *Forbes,* May 18, 2016.
15. D. Moceanu, *Off Balance: A Memoir* (New York: Touchstone, 2013), 115.
16. 同上、141.
17. J. J. Bélanger, M.-A. K. Lafrenière, R. J. Vallerand, and A. W. Kruglanski, "Driven by Fear: The Effect of Success and Failure Information on Passionate Individuals' Performance," *Journal of Personality and Social Psychology* 104, no. 1 (2013): 180–95, http://dx.doi.org/10.1037/a0029585.
18. K. Starr, "The Downside of Following Passion," *The Atlantic,* September 5, 2012.
19. D. E. Conroy, J. P. Willow, and J. N. Metzler, "Multidimensional Fear of Failure Measurement: The Performance Failure Appraisal Inventory," *Journal of Applied Sport Psychology* 14, no. 2 (2002): 76–90, DOI: 10.1080/10413200252907752.
20. S. Beecham, *Elite Minds: How Winners Think Differently to Create a Competitive Edge and Maximize Success* (New York: McGraw-Hill Education, 2016), 67.

第 5 章

1. Fromm, *To Have or to Be?*, 51.
2. C. Gaines, "Katie Ledecky Explains Why She Is Passing Up an Estimated $5 Million per Year in Endorsements," *Business Insider*, August 24, 2016.

Investigation of the Mediating Role of Harmonious Passion," *Journal of Applied Psychology* 96, no. 2 (March 2011): 294–309, DOI: 10.1037/a0021294.

8. E. Luna, *The Crossroads of Should and Must* (New York: Workman, 2015), 25.
9. J. Raffiee and J. Feng, "Should I Quit My Day Job?: A Hybrid Path to Entrepreneurship," *Academy of Management Journal* 57, no. 4 (October 2013): 948, https://doi.org/10.5465/amj.2012.0522.
10. *Harvard Business Review*, "Why Going All-In on Your Start-Up Might Not Be the Best Idea," August 2014, https://hbr.org/2014/08/why-going-all-in-on-your-start-up-might-not-be-the-best-idea.
11. M. Lewis, *Moneyball* (New York: W. W. Norton & Company, 2003), 193.『マネー・ボール』(ハヤカワ文庫)
12. N. N. Taleb, *Antifragile* (New York: Random House, 2014), 161–7.『反脆弱性—不確実な世界を生き延びる唯一の考え方』(ダイヤモンド社)
13. B. Stulberg, "No One Wants to Talk About Death, but You Need to Anyway," *Los Angeles Times*, December 30, 2013.
14. Luna, *Crossroads of Should and Must*, 34.
15. Thich Nhat Hanh, *The Heart of the Buddha's Teaching* (New York: Broadway Books, 1999), 185.

第 4 章

1. P. Lattman, "Enron: Skilling and Petrocelli's Passion Play," *Wall Street Journal Law Blog* (blog), May 16, 2006.
2. N. Stein, "The World's Most Admired Companies," *Fortune*, October 2, 2000.
3. M. McFarland, "'This Is What I Was Put on Earth to Do': Elizabeth Holmes and the Importance of Passion," *Washington Post*, October 12, 2015.
4. McFarland, "'This Is What I Was Put on Earth to Do.'"
5. N. Bilton, "Exclusive: How Elizabeth Holmes's House of Cards Came Tumbling Down," *Vanity Fair*, September 2016.
6. HHS filing against Elizabeth Holmes, http://online.wsj.com/public/resources/documents/cms20160412.pdf.
7. S. Buhr, "Theranos Reaches Settlement with Investor Partner Fund Management," *TechCrunch*, May 1, 2017.
8. S. A. O'Brien, "Theranos Founder Elizabeth Holmes Charged with Massive Fraud," *CNNMoney* (blog), CNN, March 14, 2018.

2014), 58.『ニュー・ニュー・シング』(日本経済新聞社)
13. 同上。
14. Lewis, *Biology of Desire*, 66.
15. M. Szalavitz, “The 4 Traits That Put Kids at Risk for Addiction,” *New York Times*, September 29, 2016.
16. P. Conrod et al., “Effectiveness of a Selective, Personality-Targeted Prevention Program for Adolescent Alcohol Use and Misuse: A Cluster Randomized Controlled Trial,” *JAMA Psychiatry* 70, no. 3 (March 2013): 334– 42, https://www.ncbi.nlm.nih.gov/pubmed/23344135.
17. M. Szalavitz, *Unbroken Brain: A Revolutionary New Way of Understanding Addiction* (New York: Picador, 2017), 7.

第 3 章

1. Marist Poll “Do you believe in the idea of soul mates, that is, two people who are destined to be together?,” January 6–10, 2011, http://maristpoll.marist.edu/wp-content/misc/usapolls/US110106/Soul%20Mates/Americans_Who_Believe_in_Soul_Mates.htm.
2. C. R. Knee, H. Patrick, N. Vietor, and C. Neighbors, “Implicit Theories of Relationships: Moderators of the Link Between Conflict and Commitment,” *Personality and Social Psychology Bulletin* 30, no. 5 (May 2004): 617– 28.
3. P. Chen, P. C. Ellsworth, and N. Schwarz, “Finding a Fit or Developing It: Implicit Theories About Achieving Passion for Work,” *Personality and Social Psychology Bulletin* 41, no. 10 (October 2015): 1411–24, DOI: 10.1177/0146167215596988.
4. Chen et al., “Finding a Fit or Developing It.”
5. G. Pezzulo and P. Cisek, “Navigating the Affordance Landscape: Feedback Control as a Process Model of Behavior and Cognition,” *Trends in Cognitive Sciences* 20, no. 6 (June 2016): 414–24, https://doi.org/10.1016/j.tics.2016.03.013.
6. R. Ryan and E. Deci, “Self-Determination Theory and the Facilitation of Intrinsic Motivation, Social Development, and Well-Being,” *American Psychologist* 55, no. 1 (January 2000): 68–78, DOI: 10.1037110003-066X.55.1.68.
7. D. Liu, X. P. Chen, and X. Yao, “From Autonomy to Creativity: A Multilevel

原註

第 1 章

1. C. Jordan, "Gown Alert: Bon Jovi to Address Rutgers-Camden Commencement," *app.*, April 3, 2015, http://www.app.com/story /entertainment/2015/04/03/gown-alert-bon-jovi-to-address-rutgers-camden-commencement/70873794/.
2. Elon Musk (@elonmusk)のツイッター(2017年7月30日午後1時23分投稿)。https://twitter.com/elonmusk/status/891710778205626368.

第 2 章

1. ティモシー・K・ビールへのインタビュー(2016年8月12日)。
2. W. Shakespeare, *Titus Andronicus*, Act II, Scene I, http://shakespeare.mit.edu/titus/full.html. 『タイタス・アンドロニカス』(ちくま文庫、白水Uブックスなど)
3. A. Dreber et al., "The 7R Polymorphism in the Dopamine Receptor D4 Gene (DRD4) Is Associated with Financial Risk Taking in Men," *Evolution and Human Behavior* 30, no. 2 (March 2009): 85–92, http://www.sciencedirect.com/science/article/pii/S1090513808001165.
4. ブラッドが下記の記事のためにおこなったアン・トレイソンへのインタビューによる。"What's Behind the Relentless Pursuit of Excellence?," *Outside*, March 7, 2016.
5. D. H. Zald et al., "Midbrain Dopamine Receptor Availability Is Inversely Associated with Novelty-Seeking Traits in Humans," *Journal of Neuroscience* 28, no. 53 (December 31, 2008): 14377, http://www.jneurosci.org/content/28/53/14372.short.
6. M. Lewis, PhD, *The Biology of Desire: Why Addiction Is Not a Disease* (New York: PublicAffairs, 2016), 42.
7. "The 2009 MF 25," *Men's Journal*, https://www.mensjournal.com/health-fitness/2009-mf-25.
8. リッチ・ロールへのインタビュー(2016年8月に数度にわたり実施)。
9. ブラッドが前出記事"What's Behind the Relentless Pursuit of Excellence?"のためにおこなったアラン・セントクレア・ギブソンへのインタビュー。
10. D. Collins and A. MacNamara, "The Rocky Road to the Top: Why Talent Needs Trauma," *Sports Medicine* 42, no. 11 (September 2012): 907–14, https://www.ncbi.nlm.nih.gov/pubmed/23013519.
11. 前出のギブソンへのインタビュー。
12. M. Lewis, *The New New Thing: A Silicon Valley Story* (New York: W. W. Norton,

著者について

ブラッド・スタルバーグ Brad Stulberg

マッキンゼー・アンド・カンパニーの元コンサルタント。現在は、健康と人間のパフォーマンスについて、スポーツ選手や起業家、企業幹部などにコーチングをおこなうほか、執筆活動に従事している。アウトサイド誌のコラムニストでもある。ニューヨーク・タイムズ、ニューヨーク、スポーツ・イラストレイテッド、ワイヤード、フォーブス、ロサンゼルス・タイムズなどの新聞や雑誌にも寄稿。マグネスとの共著に『PEAK PERFORMANCE 最強の成長術』(ダイヤモンド社)がある。精力的なアスリートであり、情熱的なアウトドア派でもある。妻と息子、2匹の猫と北カリフォルニアに在住。

スティーブ・マグネス Steve Magness

マラソン有力選手のコーチを務め、数多くの選手を世界選手権やオリンピックに送り出してきた。科学と実践を組み合わせた指導に定評があり、スポーツにおけるイノベーションの先頭に立っている。みずからも元陸上選手で、4分01秒という1600メートルのテキサス州高校生記録(当時)を樹立した経験をもつ。ランナーズ・ワールド、ニューヨーク・タイムズ、ニューヨーカー、BBC、ウォール・ストリート・ジャーナル、ESPN・ザ・マガジンなどのメディアで紹介されてきた。著書に『PEAK PERFORMANCE 最強の成長術』(共著)のほか、*The Science of Running*がある。テキサス州ヒューストン在住。

訳者について

池村千秋 いけむら・ちあき

翻訳者。訳書に、『WORK DESIGN　行動経済学でジェンダー格差を克服する』(NTT出版)、『ルーキー・スマート』(海と月社)、『LIFE SHIFT　100年時代の人生戦略』(東洋経済新報社)、『ヒトはなぜ先延ばしをしてしまうのか』(CCCメディアハウス)などがある。

PASSION PARADOX

情熱をマネジメントして
最高の仕事と人生を手に入れる

2020年7月25日 第一刷発行

著　者　ブラッド・スタルバーグ
スティーブ・マグネス
訳　者　池村千秋
発行者　小柳学
発行所　株式会社 左右社
〒150-0002
東京都渋谷区渋谷2-7-6-502
TEL.03-3486-6583　FAX.03-3486-6584
http://www.sayusha.com
ブックデザイン　小口翔平＋岩永香穂＋喜來詩織(tobufune)
印刷所　創栄図書印刷株式会社

ISBN978-4-86528-285-6